Maria-Gabriele Wosien

TANZ

im Angesicht der Götter

Mit 142 (davon 30 farbigen) Abbildungen

Kösel-Verlag München

Aus dem Englischen von Maria-Gabriele Wosien

CIP-Kurztitelaufnahme der Deutschen Bibliothek

Tanz im Angesicht der Götter Maria-Gabriele Wosien. –
München: Kösel, 1985.
Einheitssacht.: Sacred dance
ISBN 3-466-34128-0
NE: Wosien, Maria-Gabriele [Bearb.]; EST

Die Originalausgabe erschien unter dem Titel
„Sacred Dance. Encounter with the gods"
in der Reihe „Art and Cosmos"
General Editor: Jill Purce
bei Avon Books, New York/Thames and Hudson Ltd., London

ISBN 3-466-34128-0

Satz: Utesch Satztechnik GmbH, Hamburg
Printed in Spain by Artes Graficas Toledo S.A.
D.L. TO–1886–85

Inhalt

Bildnachweise

Die in den Bildtafeln S. 33–96 abgebildeten Objekte befinden sich in folgenden Sammlungen:
American Museum of Natural History, New York 59
National Museum, Athen 33
Kurt Bachmann 31
Bibliothèque Nationale, Paris 56
Bodleian Library, Oxford 29
British Museum, London 8, 9, 12, 30, 43, 53
Brooklyn Museum 14
Cairo Museum 15, 25
Chester Beatty Library, Dublin 40
Published by permission of the Director of Antiquities and Cyprus Museum 2
Ferdinandeum, Innsbruck 48
Musée Guimet, Paris 10
India Office Library, London 22
Louvre, Paris 7, 47
Instituto Nacional de Antropología e Historia, Mexico 18
Ajit Mookerjee 26
Museo Nazionale, Neapel 27, 36
National Gallery, London 19
Museo Nazionale, Palermo 21
Pierpont Morgan Library, New York 39
Museo di San Marco, Florenz 20
Dr. Kurt Stavenhagen 37
Stendahl Galleries 38
Museo Nazionale, Taranto 42
Museo Nazionale, Tarquinia 23
Topkapi Museum, Instanbul 46
Victoria and Albert Museum, London 11, 16, 24
Mrs. N. V. Williams 4
Worcester Art Museum 6

Fotos:
Alinari 1, 21, 50; figs. 12, 56, 57, 66
Courtesy of the Museum of the American Indian. Heye Foundation fig. 48
Courtesy of American Museum of Natural History fig. 39
Ferdinand Anton 34
Archives Photographiques fig. 65
Ardea Photographics (Åke Lindau) 52
Australian Information Service 55, 58; fig. 24, 37, 61, 74
Courtesy of the Byzantine Institute Inc. fig. 2
Camera Press 3, 51, 60; fig. 55
Department of the Environment. Crown Copyright fig. 5
Deutsches Archäologisches Institut, Athen 33; fig. 46
Deutsches Archäologisches Institut, Rom fig. 67
R. Edwards fig. 75
Alfredo Foglia 28
Giraudon 7, 10
The John Hillelson Agency Ltd (Marilyn Silverstone) 13; (Bruno Barbey) 54
Hirmer Fotoarchiv 35; figs. 6, 13, 29, 32
International Society for Educational Information, Tokyo, Inc. 17; fig. 44
Shuhei Iwamoto 57
Jean-Dominique Lajoux 41
Richard Lannoy 44
Professor A. Maiuri fig. 62
Mansell fig. 25, 35, 43, 52, 54, 63, 72
Mansell-Brogi fig. 58
Metropolitan Museum of Art, New York fig. 76
National Film Archive fig. 38
Oriental Institute of Chicago fig. 69
Dr. Cornelius Ouwehand fig. 20
Picturepoint 32
Paul Popper Ltd 52; figs. 8, 21, 22, 47, 51
Josephine Powell fig. 27
Radio Times Hulton Picture Library fig. 14, 30
Ronan Picture Library and E. P. Goldschmidt and Co. Ltd. fig. 80
Sangeet Natak Akademi, New Delhi 45; fig. 28
Scala 20, 23, 27, 36
Jeff Teasdale 26
Eileen Tweedy 11, 16, 24, 49

Begegnung mit den Göttern

. . . auch das Leiden
das ich dir und den anderen
zeigte im Tanz,
will ich ein Mysterium genannt wissen.
(„Reigen Jesu", Johannesakten
des Apokryphen Neuen Testaments)

Kosmos und Mensch

Sucht der menschliche Geist das Mysterium der Existenz zu ergründen, so bezieht er sich auf ein System von Kausalitäten, die auf einen gemeinsamen Ursprung deuten. Ein indischer Mythos veranschaulicht das Ereignis der Schöpfung als Tanz Gottes. Schiwa Nataraja, der Herr des Tanzes, sendet ein pulsierendes Tönen durch die Materie und erweckt sie so aus dem Zustand der Lethargie zum Leben. Die Materie tanzt und erscheint rund um den Schöpfer als feuriger Strahlenkranz. Tanzend erschafft dieser die Welten und erhält die Vielfalt des Gewordenen, tanzend zerstört er wieder alle Formen und Namen durch sein Feuer und gibt neuen Frieden:

Schiwas Form, allgegenwärtig, ist das Sein der Dinge . . .,
Sein Tanz, das Wesen der Schöpfung . . .
Mit Wasser, Wind und Äther tanzend,
In unendlichen Weiten ist er der Herr in Ewigkeit.

Hinter den Abläufen im Kosmos wird der Schöpfer als der „unbewegte Beweggrund" geschaut, als die Nabe im kreisenden Rad des Universums, um die sich alles dreht als Zentrum absoluten Friedens. Der kreative Wille des Schöpfers bezeugt sich durch die Vielfalt der Götter als seine formgewordene Kraft. Jenseits von Ton und Rhythmus als unsichtbares göttliches Zentrum liegt die Wahrheit, um die sich die Schöpfung kreisend bewegt.

In diesem Sinne erwähnt der römische Dichter Lucian den Tanz als Anbeginn der Schöpfung:

Mit der Erschaffung des Universums ist auch der Tanz entstanden als eine Verschmelzung der Elemente. Der Rundtanz der Sterne, die Konstellation der Planeten in ihrer Relation zu den Fixsternen, die Schönheit ihrer Ordnung und die Harmonie all ihrer Bewegungen sind Spiegelbild des uranfänglichen Tanzes zu Beginn der Schöpfung. Der Tanz ist die reichste Gabe der Musen an den Menschen. Wegen seines göttlichen Ursprungs hat er einen Platz in den Mysterien, ist geliebt von den Göttern und wird ihnen zu Ehren von den Menschen gepflegt. (Über den Tanz)

Alles Leben ist eingewoben in den Zyklus des Werdens zwischen Geburt und Tod, Entstehen und Vergehen; hat es sich für eine Weile mit Tönen, Gesten und Formen eingekleidet und in der Manifestation gewirkt, sinkt es wieder zurück in ewigen Schlaf. Geburt, Leben, Tod und neue Geburt als ewiger Kreislauf bilden eine konstante Struktur für die Entfaltung der vielfältigen Prozesse und Phänomene der Existenz.

Nach einem Schöpfungsmythos der Jicarilla-Apachen erschuf der Gott des Anfangs einen Vogel aus Erde und wirbelte ihn im Kreis herum. Diese Bewegung wurde Anlaß für die Emanation „traumähnlicher Formen". Nach einer Weile wurde der Vogel von Schwindel ergriffen, und in diesem Zustand der Benommenheit sah er rund um sich Bilder entstehen.

So geschah es auch mit dem Menschen: Betäubt erwachte er aus seinen Träumen in einer Welt, die er nicht verstand, deren Geheimnisse ihn mit Staunen und Furcht erfüllten und ihn bedrängten, ihren Sinn zu ergründen. Überall und immer wurde er mit der Existenz einer Macht konfrontiert, die größer war als er selbst; er erlebte sie in der Natur, am Himmel, während des Wachstums, bei Geburt, Krankheit und Tod. So wirken Zeiten der Krise, welche die Beziehung des Menschen zur Welt in Frage stellen, wie Magneten, denn als Übergangssituationen verweisen sie den Menschen auf seine Grenzen. Häufig offenbart sich die göttliche Macht auch in ganz unerwarteter Weise, wodurch sich das Leben von einer gefährlichen Seite und voll kritischer Momente zeigt.

Der Mensch, der so dem Chaos des Erlebens ausgesetzt war und die damit verbundene eigene Ohnmacht erlebte, fühlte in sich die Notwendigkeit erwachen, diesen Zustand zu überwinden, als er erkannte, daß sein Leben von seiner Fähigkeit abhing, mit dieser machtvollen Kraftquelle eine dauerhafte Beziehung herzustellen und die ihren Erscheinungsformen zugrunde liegenden Gesetzmäßigkeiten zu begreifen. Das Leben wurde als etwas immer Bewegtes geschaut, das durch die einende Kraft einer universalen Sympathie alle Phänomene miteinander verbindet. Pflanzen, Tiere, Gestirne und Menschen waren so zu einem einzigen Lebensstrom verbunden, wobei immer die Möglichkeit bestand, daß sich das eine in etwas anderes verwandelte. Dieser Zustand, in dem alles mit allem verbunden ist, das Verschmelzen der Formen, lebt fort in den Träumen und Sehnsüchten des heutigen Menschen.

Das natürliche Mittel, sich auf die Mächte des Kosmos einzustimmen, war für den Menschen der Tanz, und rhythmische Bewegung war der Schlüssel dafür, die „traumähnlichen Formen" neu entstehen zu lassen, sie in sein Leben zu integrieren und sich mit dem Urgrund des Seins zu verbinden. Als Ausdruck dafür, daß der Mensch von der transzendenten Macht bewegt wird, ist der Tanz die älteste der Künste, denn ehe der Mensch seiner Lebenserfahrung durch äußere Materialien Ausdruck verlieh, bediente er sich seines eigenen Körpers. Alles kann ihn zum Tanzen veranlassen: Freude, Kummer, Angst, Liebe, Sonnenaufgang, Geburt, Tod. Dabei bietet ihm die Tanzbewegung ein Vertiefen seines Erlebens. Die Nachahmung der wahrgenommenen Laute und Bewegungen, und besonders auch der ganz spontane menschliche Bewegungsausdruck durch Klang und Gesten, geht allen bewußt gestalteten Ton- und Tanzformen voraus. Ehe der Tanz zu einem festen, religiösen Ritus wird, ist er rhythmisches Freilassen von Energie, Ekstase. Nur ganz allmählich, unter dem Einfluß des Kultes, verwandelt sich der Tanz von einem spontanen Bewegungsausdruck zu systematisierten Schrittfolgen, Gesten und Körperstellungen. Welche Formen der Tanz auch immer geprägt hat, stets ist sein Ziel die Annäherung an das Göttliche. Tanz als Opferritus, als Akt der völligen Hingabe des Menschen an seinen Gott, ist totale Partizipation. Der Körper mit der ganzen ihm möglichen Erlebnisskala ist Instrument für die transzendente Macht, die im Tanz unmittelbar und ohne Zwischenmedien erfahren wird. Eine innere geistige Dimension wird spürbar, der Körper wird erlebt als ein Kanal für das Herabsteigen der Gottesmacht.

Der Mensch ist zum Bewußtsein seiner selbst in dem Maße gelangt, wie er sich seine Götter als Spiegelungen der Tiefe seines eigenen Wesens visualisiert hat. Das Freiwerden des Menschen von seinen Göttern wird wiederum durch ihre Nachahmung erlangt, denn dadurch, daß der Mensch es den Göttern gleichtut, wird er selbst zum Schöpfer.

Durch die Kombination der dem Körper eigenen Rhythmen und der ihm möglichen Laute und Töne sind alle Möglichkeiten enthalten, der unsichtbaren Macht Form zu geben und sie zu verlebendigen. Dies entspricht dem menschlichen Streben, seinen Erlebnis- und Zielvorstellungen Ausdruck zu verleihen und diese gleichzeitig auch zu verschleiern und zu schützen. Da jeder Tanz die Wesensmerkmale der verehrten Gottheit nachzuahmen sucht, ist er auch gemimte Metamorphose, welche die Verwandlung des Tänzers in den Gott oder jede bliebige verehrungswürdige Form des Lebens zum Inhalt hat. Dieses Bemühen findet Ausdruck in dem hermetischen Spruch:

Kannst du dich Gott nicht angleichen,
So kannst du Ihn nicht schauen:
Denn Gleiches nur kann Gleiches erkennen.

So formuliert der Mensch sich tanzend Antworten auf die äußere Erscheinungswelt, ist aber gleichzeitig auch mit seinem innersten Wesen in Berührung. Wie die Schöpfung den Schöpfer verbirgt, so verbirgt die physische Form des Menschen das geistige Wesen seines Inneren. Die Nachahmung des Gottes bewirkt die Alchimie, wodurch Angst in Begeisterung und Freude verwandelt wird. Tanzend transzendiert er auch den Zustand des Gespaltenseins, denn solange er tanzt, ist er wieder eins mit sich und der Vielfalt, die ihn umgibt. Dieses Tiefenerlebnis des Ergriffenseins und der Begeisterung ist gleichzeitig eine Ganzheitserfahrung der Einheit allen Lebens.

Diesen Zustand veranschaulicht eine Legende des Gottes Krischna, der als junger, schöner Prinz einmal durch die Siedlungen der Kuhhirten wandelte. Jedes Mädchen, das ihn erblickt, ist von seiner Schönheit berührt und bittet den Gott, mit ihr zu tanzen. Einer jeden verspricht auch der Gott sein Erscheinen zum Tanz in der nächsten Vollmondnacht, wozu sich sechshundert Mädchen einfinden. Da geschieht das Wunder – jedem einzelnen Mädchen erscheint ein Krischna, und jede glaubt, der geliebte Gott tanze nur mit ihr allein.

Der Mensch und das Universum, Mikrokosmos und Makrokosmos, folgen denselben Gesetzen. Der Ort, wo das Göttliche sich als das Heilige manifestiert, wird zum Zentrum seiner Verehrung. Der Mensch ist zugleich als Medium der Erfahrung Zentrum der Gottesbewegung, wodurch das innere Berührtsein sich einen benennbaren Gott und Ort seiner Manifestation schafft. Durch Bewegung wurde die Substanz des

Schöpfers in der Materie verteilt, und das ganze Universum wurde so zur Bühne seines Tanzes, seines Theaters, die Ereignisse am Himmel und auf der Erde Offenbarungen seiner Macht, in niedersteigender und aufwärtsstrebender Bewegung.

Der Schöpfungsprozeß wiederholt sich im jährlich sich erneuernden Rhythmus der Jahreszeiten, im Ablauf von Verfall und neuer Geburt, als die „Große Verwandlung". An diesen gigantischen, unabänderlichen Kreislauf sucht sich der Mensch anzugleichen in einer göttlich geordneten Welt, in der jedoch ein Machtkonflikt immanent ist. Jenseits von aller Auseinandersetzung und allem Wechsel aber liegt das Ewig-Seiende, dessen Urgrund allem Bemühen unerforschlich bleibt. Der Prozeß der Geschichtswerdung des Göttlichen ist gleichzeitig die „Zerstückelung" seiner Einheit, und der Mensch als Zentrum seines eigenen Lebensdramas ist in diesem größeren Rahmen nur eine verschwindend kleine Figur des ewigen Kreislaufs von Leben, Tod und neuem Leben, der seinen Gesetzen folgt –, wer es auch ist, der da lebt oder stirbt.

Das früheste Zeitbewußtsein war nicht linear, sondern zyklisch, wodurch die Zeit als endlose Folge von Geburt und Tod erfahren wurde. Neu- und Vollmond waren die ersten sakralen Zeiten. Zeit wurde nach den Phasen des Mondes, nach dem Lauf der Sonne auf ihrem Weg durch den Zodiakus und nach dem Ablauf der Jahreszeiten mit ihrem Rhythmus von Reifwerden und Verfall gemessen. Der Mond war Herrscher über alles, was an zyklischen Wechsel gebunden ist: Vegetation, Fruchtbarkeit, Geburt, das Leben der Frau. Aus diesen Verwandlungsprozessen erwuchs der Glaube, daß der Tod nicht ewig, daß alles einem großen Wandel des Reifens und Verfalls unterworfen sei und daß das Leben immer neu erwachse. Das Ausgerichtetsein nach den Phasen des Mondes machte Analogien zwischen dem pflanzlichen, dem tierischen und menschlichen Leben bewußt, während die Sonne auf ihrem Weg immer gleich bleibt, ohne eine Mutation durchzumachen. Die Sonne wurde dem Menschen Symbol für die Aufeinanderfolge von Leben und Tod als Teil eines größeren Zyklus, der mit der Schöpfung beginnt und mit dem Ende aller Zeiten, dem *eschaton,* schließt. Die Zeit als unermeßlich großer Zyklus ist somit Offenbarung eines göttlichen Planes.

Während des Tanzens geschieht der Eintritt in die sakrale Zeit, die gleichbedeutend mit der Zeitlosigkeit und identisch mit der ewigen Gegenwart ist. In diesem Erleben wird die Welt des Gewordenen, werden folglich auch Raum und Zeit transzendiert und wird die Ureinheit des Anbeginns, als *stasis,* wiedergewonnen.

Von Anfang an ist das Leben Verwandlung: Getrennt und wiedervereint zu werden, Form und Zustand zu wechseln, zu sterben und wiedergeboren zu werden, zu handeln, zu ruhen, zu warten und erneut zu handeln, ist der allgemeine Zustand des Lebens in der Welt. Für den Menschen der Frühzeit hatte jedes Ding seinen ihm eigenen, geheimnisvollen und unberechenbaren Aspekt, der ihn zu beliebiger Zeit dadurch herausfordern und überwältigen konnte, daß er ihm „erschien", d. h. ihn mit einem Offenbarungserlebnis verfolgte. Ein solches Offenbarungsmoment ist ein unmittelbares Erlebnis, das tief aufwühlt und jenseits aller Worte ist, wobei das „Ich" passiv bleibt. Das ausgelöste Gefühl der Ehrfurcht deutet auf die Spannung zwischen der göttlichen Macht und dem Menschen hin: die Erlebnismomente, Gott zu fürchten, ihn zu lieben und ihm zu dienen, erscheinen überall als verwandte Glaubensvorstellungen.

Das spontane Reagieren auf einen äußeren Stimulus, ebenso wie auch das innere Bewegtsein durch ein „Erscheinen" der Macht, die als heilig verehrt wurde, findet Ausdruck in äußerer Bewegung:

Wenn das Herz vor Glückseligkeit birst und die Verzückung sich steigert, so ist dies die Ekstase des Erregtseins . . . diese Erregung ist weder eine Zur-Schau-Stellung gekonnter Schritte noch ein Sich-Gehenlassen des Körpers, sondern das Sich-Auflösen der Seele . . . Es ist ein Zustand, der nicht in Worten zu beschreiben ist. Ohne Erleben keine Erkenntnis. (Al-Hujwiri)

Durch das Beobachten seiner Phantasie und durch spekulatives Denken erschuf der Mensch in seinem Bestreben, das Heilige zu lokalisieren, allmählich Strukturen, um sich vor dem Chaos des rein spontanen Erlebens abzuschirmen. Er verehrte die Natur so lange, wie er sich durch ihre Übermacht erdrückt fühlte, was dann aufhörte, als er sie durch die Technologie gezähmt zu haben schien. Damit er Einfluß auf den Kosmos nehmen konnte, mußte er zuerst von ihm Besitz ergreifen.

Anfänglich wurden jene Aspekte der Natur verehrt, die dem Menschen als die mächtigsten erschienen und mit denen er sich am meisten verbunden fühlte: Tiere, schneebeckte Berge, das Dunkel der Höhlen, Wälder, Bäume, Steine, Flüsse. Später vereinten sich die Machtaspekte des Göttlichen, personifiziert in der Vielfalt der Götter, zu dem einen Gott, der in die Weite des Raumes projiziert wurde. Erst ganz allmählich nahm der Mensch diese Projektionen wieder zurück, mit denen er die Welt bevölkert hatte als Hierarchien der Götter und Dämonen, als die Himmel und Höllen, und fing an, die schöpferische Vielfalt bewußt in seiner eigenen Seele zu erleben. Der Weg in diese Innenwelt wurde durch die vielen meditativen Praktiken gesucht, die rund um die Welt entstanden.

Der Tanz in jeder Form ist imitativer Ausdruck und sucht so die Identität mit dem Gegenstand der Beobachtung herzustellen. Tanz ist Ekstase dadurch, daß das zündende Moment im Ursprung der Lebenskraft verwurzelt ist. Dabei ist das Bewußtsein eingependelt in einen Zustand jenseits des Denkens oder Wollens, wo es von etwas anderem bewegt wird – so wie auch wir in seltenen Augenblicken des Lebens spüren, daß es die Lebenskraft selbst ist, die uns lebt.

Tanz ist nicht nur Freude an rhythmischer Bewegung, vielmehr ist er eine Neuschöpfung der Begebenheiten des Lebens in rhythmisch-spielerischer Form. Erst sehr viel später entsteht das Tanz-Drama, in dem die Geschichte als Vergangenheit bewußt als Tanz-Thema mit eingeflochten wird.

Die sakralen Tanztraditionen der Welt weisen eine erstaunliche Vielfalt imaginativer Formen auf, durch die der Mensch überall versucht hat, sich mit dem Wunder des Lebens zu verbinden. Das Erbe dieser Tanztraditionen zeugt von dem nie endenden Spiel des Lebens mit den von ihm geschaffenen Formen. Indem er seine Erlebnisse spielerisch veräußert, erwirbt sich der Mensch Klarheit über die Bilder, die aus seiner Psyche aufsteigen und die ihn befähigen, mit der Außenwelt in Beziehung zu treten. In diesem Sinne sind äußere Handlung und inneres Erleben auch nicht zu trennen, da das Wesen beider durch ein übergeordnetes, integrierendes Ganzes verbunden ist.

So bestand auch die geistige Einheit der Menschheit lange bevor der Versuch gemacht wurde, die Überreste von Zivilisationen zu sammeln und miteinander zu vergleichen. In der Vergegenwärtigung der geistigen Spuren vergangener Zeiten erleben wir eine Resonanz im eigenen Inneren, wodurch Altes mit Neuem verbunden wird. Das moderne Bewußtsein hat sich der menschlichen Psyche als einer letzten Zuflucht für die Integration der Erscheinungen zugewandt aus der Erkenntnis heraus, daß alles Göttliche oder Dämonische, das nach außen projiziert wurde, schließlich in die Seele zurückgenommen werden muß, in die noch immer unerforschten Tiefen des Seeleninneren, woher es seinen Ursprung genommen hat. Da heute die Natur nicht länger Gegenstand seiner Auseinandersetzung ist, ist sie für den Menschen zum Objekt geworden – zu *seinem* Objekt. Dadurch fühlt er sich aber im Kosmos isoliert, als Fremder, der seine Wurzeln neu finden muß.

Die sakralen Traditionen der Welt sind eine reiche Quelle für die Symbole des Menschen als Metaphern für das Mysterium. Sie zeugen von seinen Eigenheiten, seinen Grenzen und sind doch transparent für das Gesetz des Universums. Sie erlauben einen Einblick in die Tiefen des Bewußtseins und die Begegnung mit dem Wunderbaren, welches für den Menschen *die* Erfahrungen des *Einen* sind, die das Drama des Lebens für ihn erträglich werden lassen.

Die menschliche Psyche, als Quelle aller religiösen und kulturellen Phänomene, birgt in sich auch das Wissen, das der Mensch vor dem Erwachen seines Selbst-Bewußtseins gesammelt hatte. Es ist für den Menschen zu einer kulturellen Notwendigkeit geworden, mit Hilfe des Bewußtseins zu diesem verborgenen Schatz vorzustoßen und die Bilder, die in seiner Seele schlummern, zu realisieren, wenn er die Ganzheit seines Wesens wiedergewinnen will.

Mit dem Erwachen des Bewußtseins wurde die Welt ambivalent, wodurch ein tiefer Bruch zwischen Spontaneität und reflektierendem Denken entstanden ist. Die Geburt des Ich-Bewußtseins brachte die Erfahrung von Einsamkeit, von Leid und Schuld mit sich. Darüber hinaus ist der Mensch heute der Illusion erlegen, daß das Universum durch die Strukturen seines denkenden Bewußtseins zusammengehalten wird, und daß die Welt, wenn er an diesen Kategorien nicht mit äußerster Hartnäckigkeit festhält, in den Zustand des Chaos zurückfällt.

An dem Punkt aber, an dem wir die Wirklichkeit am intimsten erleben, verstehen wir sie am wenigsten.

Das Ritual und die Götter

Halleluja!
Lobet den Herrn in seinem Heiligsten; lobet ihn in der Feste seiner Macht!
Lobet ihn in seinen Taten; lobet ihn in seiner großen Herrlichkeit!
Lobet ihn mit Posaunen; lobet ihn mit Psalter und Harfe!
Lobet ihn mit Pauken und Reigen; lobet ihn mit Saiten und Pfeifen!
Lobet ihn mit hellen Zimbeln; lobet ihn mit wohlklingenden Zimbeln!
Alles, was Odem hat, lobe den Herrn! Halleluja!

(Psalm 150)

Trotz seines Wissens über sich bleibt sich der Mensch selbst das größte Geheimnis und Abenteuer, denn letztlich findet er nichts in der Außenwelt, womit er sich ganz identifizieren könnte; alles reflektiert ihm nur einen Teilaspekt seiner selbst. Bestimmt durch das Ich/Du-Verhältnis lebt er zwischen der inneren Welt der Psyche und der äußeren Welt der Sinnesobjekte, immer im Zustand des Hin und Her, wobei er die innere Wahrnehmung und Erfahrung an die äußeren Umstände angleichen muß. Im Erleben des *sacrum* ist das Göttliche der einende Faktor. Seine Ferne, sein Schweigen, seine scheinbare Abwesenheit nötigen den Menschen, es immer wieder zu suchen und anzurufen.

Das Ritual der Frühzeit des Menschen war immer Tanz, durch den er sich an einer Darstellung seines Gottes versuchte, indem er dessen Offenbarungsspuren auf der Erde und in der Schöpfung feierlich nachahmte. Dabei war es sein Anliegen, sich die Taten Gottes zum Anbeginn der Zeit zu vergegenwärtigen und durch ihr genauestes Nachvollziehen über Jahrtausende hinweg das Ende aller Zeiten zu antizipieren. Indem das Mysterium der Schöpfung des Uranfangs immer wieder tanzend dargestellt wird, ist der Tänzer als Medium der Handlung auch Zentralfigur des Ritus. Durch das Sich-Verbinden mit dem Geschehen des Anbeginns ist der Tanz ein Akt der Selbstverwirklichung, der das Leben des Kosmos mit dem Leben des Individuums vereint.

Alle Mythologien der Welt enthalten die Idee eines verebbenden Lebensimpulses im Kosmos, was schließlich zu einem kataklysmischen Geschehen am Ende der Zeit führt. Die Natur aber verlangt nach Erneuerung, und es ist die Aufgabe des Ritus, das Leben wieder zu entbinden und das Werk dadurch zu annullieren, daß die historische Situation mit der zeitlosen Wirklichkeit in Verbindung gebracht wird. So werden psychische Spannungen gelöst, wird neue Hoffnung geweckt für alle menschlichen Nöte und Krisen, für bedrohliche Ereignisse in Natur und Kosmos. Das letzte Ziel des Ritus ist der Zustand der Glückseligkeit, realisiert durch die Transformation Mensch-Gott, als Höhepunkt der sakralen Handlung. Zur Erfüllung seiner wahren Funktion muß der Ritus symbolische Darstellung der höchsten Wirklichkeit sein. Verstanden als menschlich-göttliches Spiel, vereint er so das tiefste Anliegen des Menschen mit kosmischem Geschehen.

Das Mysterium der Verwandlung des Göttlichen in die Materie und des Menschen in den Gott wird im Tanz sowohl maskiert als gleichzeitig auch zur Schau gestellt. Wird der Ritus aber zum bloßen Schaustück, das den Menschen beeinflussen will, anstatt eine Kommunikation zu Gott herzustellen, so ist seine Kraft gebrochen, und er verfällt. In diesem Prozeß trennt sich dann auch das religiöse Element vom Tanz und die Kunst von Arbeit. Das Heilige wird zur profanen Unterhaltung, und das tradierte Ritual, an den Rand einer neuen Lebensweise gedrängt, degeneriert zur gesellschaftlichen Schablone, wird zum Volkstanz und Spiel.

Durch die Zeiten ist das getanzte Ritual auch Selbstdarstellung des sich entwickelnden Menschen. Es gibt seinem wachsenden Bewußtsein dadurch Halt, daß es ihm Strukturen bietet, welche die Kluft zwischen Spontaneität und Reflexion überbrücken helfen. Im Altertum waren alle menschlichen Handlungen Sakramente, denn die Struktur des Lebens selbst wurde als heilig empfunden, da sich in ihm das göttliche Gesetz offenbarte. Erst in neuerer Zeit vollzog sich die wachsende Säkularisierung der menschlichen

Lebensweise und die damit verbundene Verkettung an die Zeit: Im Bewußtsein des Menschen machen ältere Gottheiten, als sich ablösende Funktionen, neueren Gottheiten Platz.

Die Götter sind überall mit derselben Intensität verehrt worden, haben sich aber nicht immer gleichermaßen offenbart. Die Götter frühester Zeiten sind Tiere, und erst später erscheinen sie in menschlicher Form in Begleitung heiliger Tiere oder anderer Attribute; ehe sich der Mensch über das Tier erheben konnte, mußte er fähig werden, das Göttliche in menschlicher Form zu sehen.

Sobald der Mensch den Namen des Gottes, d. h. seine besondere Funktion und Macht, kennt, fängt seine Beziehung zu ihm an; damit ist auch der Beginn für einen Mythos gegeben, und jeder benennbare Gott bedeutet ein Stück gewonnenes Bewußtsein. Auch über den modernen Menschen üben die „Götter" wie eh und je ihre Macht aus, wenn in Krisenzeiten bewußte Manipulationen fehlschlagen: Die Funktionen der transzendenten Macht sind zeitlos, nur sind die an Strukturen und Glaubenssysteme gebundenen Bilder von einer bestimmten historischen Periode und den Charakteristiken eines Ortes geprägt.

Solange der einzelne von der Tradition getragen wird, ist er gemeinschaftsfähig; niemand konnte sich ungestraft außerhalb der Tradition bewegen. Damit der Mensch die Welt begreifen und mit ihr in Einklang bleiben konnte, brauchte er nur die Mythen zu kennen, am Ritual teilzuhaben und seine Symbole entziffern, d. h. zu leben. Nicht derjenige war der Held, der die bestehende Ordnung zu reformieren suchte, sondern wer den Mut dazu aufbrachte, sie zu bejahen – und dies bei jeder Begegnung mit dem Heiligen.

Der Mensch der Frühzeit hatte den Glauben, daß alle physischen Prozesse von mächtigen Geisteswesen verursacht wurden. Diese Wesen verbanden in ständiger Bewegung das Oben mit dem Unten, wobei sie in die Manifestation herabstiegen und gleichzeitig das Geschaffene zu seinem Ursprung zurückführten. Ihre Gegenwart wurde besonders stark während der Krisenzeiten des Lebens und im Tod verspürt sowie auch während der Ekstase des Tanzes. Da die Götter einen beschränkten Wirkungskreis haben, benötigen sie Boten, durch welche sie ihren Einfluß in alle anderen Sphären ausdehnen; wegen ihres plastischen Ätherleibes können sie aber jede beliebige Form annehmen und ihren Körper wieder willentlich auflösen.

Offenbart sich die göttliche Kraft in den innersten bzw. tiefsten Regionen der Schöpfung, so ist sie eingehüllt in die materielle Substanz aller Sphären, durch welche sie ihren Weg genommen hat und dadurch eine immer spürbarere Dichte annimmt. Die Auseinandersetzung zwischen dem Licht und dem Dunkel des Göttlichen, als die geoffenbarten Doppelaspekte der fundamentalen Einheit des Lebens, findet auf allen Ebenen der Schöpfung statt und verleiht dem Leben seinen dramatischen Impuls.

Leben, Tod, Wiedergeburt

Schlaf und Tod sind die entscheidenden Erfahrungen, welche die Trennung zwischen Körper und Geist deutlich werden lassen. Die Begegnung mit dem Tod ist der Anfang jeder Form der Gottesverehrung, und es ist dieses Mysterium des Todes, das die größte Herausforderung an den menschlichen Geist bedeutet – die frühesten bekanntgewordenen Kulte sind Totenkulte.

Das Begehen von Totenritualen basiert auf dem Glauben, daß der Tod nur einen anderen Aspekt des Lebens darstellt und daß es die Aufgabe der Lebenden ist, dem Verstorbenen in seiner Auferstehung beizustehen. Die tänzerische Form solcher Rituale hat meist den Kampf des Verstorbenen mit den Dämonen der Dunkelheit und seinen Sieg über sie zum Inhalt. Solche Tänze werden von starken Rhythmen, lauter Musik und dem Wehklagen der Trauernden begleitet. In Ägypten zum Beispiel erreichte das Totenritual, das nach sorgfältigen Vorlagen begangen wurde, riesige Ausmaße. Wenn ein Pharao begraben wurde, gab die ganze Gemeinschaft diesem Ereignis magische Unterstützung. Das tänzerische Umkreisen der Totenbahre oder des Scheiterhaufens war allgemeine Sitte, als Anrufung der Lebenskräfte und zum Schutz gegen die Mächte der Finsternis. Zusammen stellen die lichten und dunklen Aspekte des Lebens eine ausgewogene Einheit dar und sind deshalb auch gleichermaßen verehrt worden.

Der Tod offenbart das tiefere Mysterium des Lebens, indem er Verwandlung bewirkt. Erst wenn der Gott sich ausschließlich die lichten und gütigen Aspekte anmaßt und die bösartigen Aspekte dem „ganz anderen" zugeteilt werden (wie in der christlichen Vorstellung des Teufels), wird auch der Tanz als Ganzheitserfahrung und als totale Besitznahme durch die transzendente Macht verboten; dann verschwindet er als Teil des Gottesdienstes und macht quietistischen Meditationspraktiken und dem gesprochenen Wort Platz. Dämonische Wesenheiten, als Verkörperung irrationaler, dunkler Erfahrungsaspekte, die – historisch gesehen – älter sind als der Gott monotheistischer Religionen, werden dann als bösartig erlebt, wenn sie mit diesem in Berührung kommen.

In den meisten Kulturen wurde jedoch das „Untermenschliche" oder Dämonische, das Engelhafte oder „Übermenschliche" gleichermaßen dem Göttlichen zugeordnet. Furchterregende Dämonen tragen in der religiösen Ikonographie immer Masken und sind oft dargestellt, wie sie inmitten von lodernden Flammen tanzen, wobei das Feuer oder die Hitze Symbol der Verwandlung ist. In dieser Form verkörpert die transzendente Macht den dunklen Aspekt der Schöpfung, die verschlingende, schreckliche Seite der Notwendigkeit, ohne die keine Entwicklung möglich ist. Wenn sich in der Ekstase des Tanzes Angst magisch in Glückseligkeit verwandelt, offenbart sich hinter der schreckhaften Maske des Dämonen ein gütiger Seelenführer *(psychopompos)*. Durch die Hingabe an den Tanz wird die Dualität in der Natur überwunden, und es erwächst die Erkenntnis, daß das Leben in seiner Totalität, in seinem Wechselrhythmus von „Gut" und „Böse" weitergeht, bis alles seine Vollendung gefunden hat.

In ihrer frühesten Form wurden die Riten schreitend oder tanzend in Labyrinth- oder Spiralform ausgeführt, beides Symbole für die Suche und Reise der Seele zu Gott, bei der sie in die Irrgänge der Dunkelheit und des Todes durch ein Tor eintritt und dann zurückkehrt, um wiedergeboren zu werden. Der Tod als Herrscher über alles im Reich der Sonne Existierende wurde in diesem Zusammenhang als höchstes Ziel des Daseins erfahren und dargestellt, als seine grundlegendste Aufgabe und notwendige Vorstufe für eine neue Geburt. Die Wiedergeburt war deshalb das zentrale Anliegen aller Totenkulte, welche die Fortdauer des Lebens als ständige Erneuerung der ewigen göttlichen Potenz zu demonstrieren suchten und gleichzeitig auch die essentielle Einheit von Tod und Zeugung.

Alle Formen der Gottesverehrung hatten das Ziel, eine dauerhafte Verbindung mit der Gottheit des Anbeginns herzustellen. Tod, Schwangerschaft und Geburt wurden deshalb symbolisch durch den Ritus wiederholt, als Versuch, die Erneuerung und Wiedergeburt der „Seele" des Urwesens zu bewirken, sowie als Ausdruck menschlichen Strebens, die lebensspendende Kraft für eigene Zwecke zu beeinflussen. Somit ist der Tanz Antwort sowohl auf den Impuls des Lebens als auch auf die Macht des Todes, indem er das Mysteriöse an sich als eigenständige Dimension des Daseins bejaht.

Der Geist des Urahnen

Das Gesetz . . . und die Mysterien, die ich euch gelehrt und vorgelebt habe, werden euer Meister sein, wenn ich von euch gegangen bin.

(Bhagavad Gita)

Für das Leben auf der Erde bedeutet Bewegung Sieg über den Tod; das „Erscheinen" des Göttlichen wurde deshalb durch Bewegung gefeiert. Im Tanz geschieht die Identifikation mit den geoffenbarten Aspekten der Gottheit sowohl durch äußeres Nachahmen als auch durch inneres Assimilieren seiner Substanz. Gelegenheit zum Tanzen und Zelebrieren magischer Riten boten alle Hauptereignisse des Lebens und des Jahreslaufs: Geburt, Pubertät und Hochzeit, Kampf, Sieg und Tod, die Jagd, die Zeiten der Aussaat und Ernte ebenso wie plötzliche, unerklärliche und furchterregende Ereignisse, die über die Gemeinschaft hereinbrachen.

Der Mensch der Frühzeit lebte in dauernder Furcht; dies rechtfertigte das ständige Begehen magischer Riten, um die angsterregenden Aspekte des Lebens zu bannen. Jedes unerwartete Ereignis erweckte Argwohn und Furcht; aus diesem Grunde wurde jede wichtige Phase mit einem magischen Ritus begonnen, der das Übel abwenden und die Kräfte des Guten fördern sollte. Zeremonien dieser Art vereinten die Gruppe durch das gemeinsame emotionelle Erleben und schufen so die Atmosphäre für die Kommunikation mit der Gottheit.

Der Tanz war immer Angelegenheit der Gruppe. Dabei werden durch die Verbindung von Rhythmus, Ton und Bewegung psychische Spannungen nach außen gebracht. Im Spiel der Glieder in rhythmisch gestalteter Bewegung, begleitet von Händeklatschen, dem sich auf die Schenkel schlagen und dem Stampfen der Füße ist der Körper noch selbst Medium der Musik.

Im allgemeinen waren die Geschlechter beim Tanz getrennt, und es gab sehr viel mehr

Männer- als Frauentänze. Den Männern vorbehalten waren Sonnen- und Regentänze, Kriegs- und fast alle Tiertänze und die schamanistischen Medizintänze; den Frauen wurde es nur selten erlaubt, bei den Tier- und Maskentänzen des Stammes aktiv dabei zu sein. In den Vegetationskulturen hingegen waren oft die Frauen die einzigen Mitwirkenden bei Fruchtbarkeitstänzen, in manchen Regen- und Erntetänzen, bei Geburtsritualen, bei der Jungfrauen-Weihe, bei Mondverehrung und Trauerfeiern. Kreis- und Chortänze, als die ältesten Tänze der Menschheit, wurden dabei nur sehr allmählich von Reihentänzen abgelöst, bei denen die Tanzenden sich gegenüberstehen, besonders bei Kriegstänzen, wo sich die Gemeinschaft in zwei feindliche Gruppen teilt. Paartänze sind hauptsächlich Teil der Hochzeitszeremonien, kommen aber auch in Kriegsritualen vor als Nachahmung des Zweikampfes.

Tiertänze werden von Naturlauten begleitet und von Geräuschen, wie sie typisch für das betreffende Tier sind, introvertierte mystische Tänze von tiefen Summtönen und die Ekstase wilder Sprung- und Drehtänze von kräftigen Rufen und Schreien. Das ursprüngliche Zeitmaß wurde vom stampfenden Fuß gegeben, begleitet vom helleren Laut der klatschenden Hand. Die frühen matriarchalischen Kulturen der Pflanzer erfanden die Trommel, die den Tanz mit einem kontinuierlichen *ostinato*-Ton unterstützt; die halbierte Trommel, ein ausgehöhlter, der Länge nach gespaltener Baumstamm, ist Symbol des Weiblichen, die Flöte Symbol des Phallus und der Fruchtbarkeit. Die fundamentalen Klangsysteme wurden durch das Stampfen von Stöcken und durch am Körper befestigte Rasselornamente unterstützt. Der Gebrauch melodischer Instrumente, als musikalische Begleitung des Tanzes, ist eine späte Entwicklung, die sich aus dem frühen Tanz-Gesang ableitet, wobei die musikalische Begleitung zuerst immer vom Tänzer selbst gesungen wurde; daraus erwuchs die geistige Verbindung zwischen Thema und magischem Vorhaben des Tanzes. Im religiösen Tanzritual wird die Gesangsbegleitung – wie in der Liturgie – meist intoniert, wobei das Psalmodieren von bestimmten Silben dem Ritual der Vereinigung eine gesteigerte ekstatische Qualität verleiht. Das ungebändigte Schreien, bei dem die Stimme abrupt abfällt, ohne zwischen Anspannung und Loslassen geführt zu werden, sowie erregte, stoßartige Stimmäußerungen sind Ausdruck der Ekstase.

Der Mensch hat das Tanzen von den Tieren gelernt, die er genau beobachtete und nachahmte. Von den Tieren war er für seine Nahrung und Bekleidung, seine Werkzeuge und Waffen abhängig. Der Mensch als Jäger identifizierte sich vollkommen mit den Gewohnheiten seiner Beute, und das Totemtier, das den Geist des Stammes-Urahnen verkörperte, war nicht nur seine Nahrungsquelle, sondern auch sein Gott. Der Vorfahre konzentrierte in sich alle Naturkräfte und war so Geist der Fruchtbarkeit, des Sieges, des Todes, der Geburt. Im Tier als seinem Urahnen verehrte der Mensch all jene Eigenschaften, die er selbst nicht besaß: Er bewunderte die Stärke des Bären, das Flugvermögen der Vögel, die Größe und Weisheit des Elefanten, die Schnelligkeit des Pferdes.

Je vollkommener im Tanz die Identifikation mit dem Gott erreicht wurde, desto mehr erhielt das Ritual die größtmögliche magische Macht: Im alten Mexiko fand alle Jahre ein Fest statt, wenn die Vegetation ruhte. Dies war die Zeit für das Tanzfest der Götter. Der Tänzer trug Tierhäute, Federn und Masken. In solchen Tänzen war der Vortänzer des

Stammes oder der Gemeinschaft, die Verkörperung des Ahnen auf der Erde, darum bemüht, die Form und Bewegung des Tieres so genau wie möglich nachzuahmen, denn auf diese Weise glaubte man sicher zu sein, die physischen und geistigen Qualitäten des Tieres am ehesten zu assimilieren. Das nachgeahmte Tier, so war der Glaube, wurde seinerseits durch das imitative Tun des Menschen derart beeinflußt, daß es auf dessen Erwartungen und Anliegen positiv reagieren würde.

Der Stamm der Wadda in Sri Lanka hatte einen traditionellen Jagdtanz, in dem einer der Tänzer ein Grasbüschel anschoß, das einen wilden Eber darstellte. Auf diese Weise verwundete er das Tier, tanzte aber weiter und ahmte dabei die Verfolgung des Ebers nach. Dann brach er plötzlich zusammen und schleppte sich auf einem Knie weiter, was bedeutete, daß jetzt umgekehrt der Eber den Tänzer angegriffen und verwundet hatte. Das Bein wurde vorsichtig verbunden, und schließlich erlag dann das Tier dem Jäger. So suchte der Mensch entweder das Tier in seiner Übermacht zu beschwichtigen und zu zähmen oder dessen Kräfte für sich zu gewinnen, und obwohl das wilde Tier dem Jäger gefährlich war, war es ihm doch durch geheimnisvolle geistige Bande verwandt.

In vielen Gegenden, besonders in den Tropen, glaubte man, daß die Tiere das Wetter beeinflussen und im besonderen zu Zeiten der Dürre Regen herbeibringen konnten, indem der Tänzer die Bewegung dieser Tiere nachahmte. Dies ist auch das Thema des Känguruh-Tanzes der Ureinwohner Australiens. Wenn das Känguruh während der Dürrezeit seltener wurde und die Stammesmitglieder es schwer hatten, das Tier aufzuspüren, dann imitierten sie seine Sprünge:

Nachdem sich die Tänzer einen Schwanz angebunden hatten, fingen sie an, sich wie ein Rudel von Känguruhs zu bewegen. Dabei machten sie einen Sprung nach vorn, setzten sich dann hin und kratzten sich, wie es die Känguruhs gewöhnlich tun, wenn sie sich in der Sonne wärmen. Einer von ihnen schlug dabei im Rhythmus mit einer Keule auf einen Schild, während zwei andere Waffen trugen und den Tiertänzern langsam überallhin nachfolgten und ihnen dabei vorsichtig näherkamen, um sie dann mit ihren Lanzen zu stechen. (R. Sonner, Musik und Tanz)

Durch diesen Akt imitativer Magie sollte die Harmonie der Natur wiederhergestellt werden, so daß es wieder regnen würde. Die harmonische Verbindung des Menschen mit den Mächten der Natur war der größte Segen, den die Stammesreligion geben konnte.

Jeder Tanz teilt die Gemeinschaft ein in aktive und passive Mitglieder. So ist der Schamane, der den Tiergeist, den Dämonen oder Gott personifiziert, aktiv, während die anderen als Zeugen der Verwandlung und Offenbarung passiv sind. Der Schamane hat im Tanz die Funktion, den Stamm mit dem Geist des Vorfahren zu einen. Durch die damit verbundene Krankenheilung und Geisterbeschwörung ist er ein Kanal für das Wirken der göttlichen Kraft. Tanzend singt der Schamane, schlägt seine Trommel und vollführt wilde, ekstatische Bewegungen, welche die Verfolgung böser Geister darstellen; tanzend kämpft er auch mit ihnen, und mit veränderter Stimme – nämlich mit der des Ahnengeistes – überredet er sie dazu, den Kranken zu verlassen, den er umkreist und dem er seine Heilkräfte vermittelt. Die Begegnung mit der Welt des Übersinnlichen resultiert in einer Bewußtseinserweiterung: der Schamane ist vom Geist besessen, der durch ihn spricht und handelt.

Dieser Wandel des Bewußtseins wird als das Kommen des Gottes bewertet, der schließlich vom Menschen Besitz ergreift und den Gläubigen als ein Instrument benützt, um seinen Willen kundzutun. Der Gläubige unterdessen nutzt die göttliche Kraft in sich, um in der Welt zu Ehren seines Gottes zu wirken durch Wunder, Prophezeiungen und das Errichten von Heiligtümern als Zeugnis seiner Macht.

Da der Zustand des Besessenseins starke Kräfte im Menschen wachruft und ihn ein Maß an Freiheit von Begrenzung durch seinen Körper und die normale Wahrnehmung erfahren läßt, wird er in Kult und Ritual bewußt und gezielt erzeugt, um ein Leben von gesteigerter Qualität zu erlangen. Die Struktur des Rituals basiert auf dem Prinzip der allmählichen Steigerung des Erlebens bis zum Höhepunkt, der gleichzeitig Katharsis ist.

Der Kult der Göttin Kybele, als eine der vielen Verkörperungen der Großen Mutter, verbreitete sich von Kleinasien bis nach Griechenland und Italien. Ihre Priester, die Korybanten, feierten die Göttin mit wilden Trommelrhythmen, Becken, Pfeifen und Rasseln; dabei wirbelten die Tänzer in ekstatischer Trance im Kreise, ihre Haare flogen, und sie stießen durchdringende Schreie aus. Der Höhepunkt des Rituals war nicht selten die Selbstkastrierung der Priester zum Zeichen völliger Hingabe an die Göttin. Auch der Kult des Dionysos oder Bacchus wurde mit orgiastischen Riten begangen, die den Initianden zur totalen Übergabe an seine Instinkte führten, um dadurch ganz die schöpferische Kraft des Gottes zu erleben. Dabei spielte der Wein als befreiendes Medium eine entscheidende Rolle. Eines der vielen Symbole des Kultes war der Thyrsos-Stab, der von einem Phallussymbol gekrönt wurde. Auch die ekstatischen Tänze der Mänaden zur Zeit des Frühlings waren Ausdruck der sinnlich-blinden Epiphanie der Gottheit. Dies bezeugt ein Kommentar des Diodorus:

Alle zwei Jahre versammelten sich in vielen griechischen Städten Scharen von Frauen, Anhängerinnen des Dionysos. Es war Sitte, daß junge Mädchen, den Thyrsos-Stab tragend, gemeinsam ausschwärmten und mit Orgien dem Gott Verehrung darbrachten; auch die verheirateten Frauen feierten die Gegenwart des Dionysos in organisierten Gruppen, wobei sie die Mänaden nachahmten, von denen es heißt, daß sie den Gott ständig begleiteten.

In der Kultur der Ackerbauer waren die Zeiten der Aussaat und Ernte lebenswichtig und deshalb heilig; sie wurden durch Opfergaben an die Götter des Himmels und der Erde gefeiert. Im Bestreben, den Sämlingen zum Wachstum zu verhelfen, wurde um sie herumgetanzt – je höher der Sprung, desto höher würde die Pflanze wachsen. Stampftänze dienten dazu, die Fruchtbarkeit der Erde zu garantieren; das rhythmische Stampfen war dabei analog dem schöpferischen Rhythmus des Phallus. Fruchtbarkeitstänze, die immer von starken Rhythmen begleitet waren, stellten oft den Zeugungsakt dar oder endeten in Massenpaarungen. Der keimende Same wurde mit dem befruchteten Mutterleib verglichen und die befruchtende Kraft der Natur als eine Offenbarung des Gottes verstanden; das Hervorbringen der Frucht war durch die lebensspendende Kraft der Erdmutter selbst bewirkt. So ist der Tanz, als körperliche Darstellung von Wachstum und Verfall, auch die älteste Form der Magie.

Mythologisch gesehen bedeutet das Erscheinen des Lichtes den Beginn der Schöpfung und die Erfahrung einer subjektiven Wirklichkeit, die Fähigkeit des Menschen zu reflektieren, Abstand zu nehmen und die Entwicklung zu betrachten. Dies spiegelt sich wider in seinem Verhalten dem Heiligen gegenüber, wie in den Riten, in denen das Unbekannte von vielen Seiten her umkreist wird. Die magischen Formen, als Versuche des Menschen, das Leben zu meistern, sind anthropozentrische Systeme, die seine Welt reflektieren und in denen der Mensch das Maß aller Dinge ist. Manche Symbole beinhalten das Lebensgefühl so vieler Menschen und üben einen so großen Zwang aus, daß sie den Eindruck erwecken, das Leben selbst sei von ihrer Erhaltung und rituellen Darstellung abhängig: Der Jäger identifizierte sich mit dem Totemtier, der Pflanzer mit der Erde, dem Samen, der Ernte und den Wetterbedingungen, d. h. war ganz auf seine Götter bezogen. Schließlich aber werden die Götter der Religion Prinzipien, Funktionen des Bewußtseins, bis hin zur modernen Zeit, in der sich der Mensch mit reinen Abstraktionen, mit den „Ismen" identifiziert in dem Glauben, daß sein Leben von ihnen abhängig sei.

Als der Mensch sich zum Himmel wandte, um die Ordnung der Sternenwelt zu erforschen, identifizierte er die Taten seiner Götter mit dem Lauf der Sonne, der Bahn des Mondes und der Planeten. Es gibt unzählige Sonnenanbetungstänze, wie z. B. die der Mandan-Indianer, die zur Sommersonnenwende ihren großen Sonnentanz aufführten, dem verschiedene geheime Vorbereitungsrituale vorausgingen: In der Mitte eines großen umfriedeten Platzes wurde dann der Sonnenpfahl errichtet; daneben stand ein Altar, der mit den Stammessymbolen geschmückt war. Die Tänzer waren bemalt und umkreisten den Pfahl, wobei sie ihre Augen auf das Sonnensymbol auf seiner Spitze gerichtet hielten. Ähnlich feierten die Navaho-Indianer die Neugeburt der Sonne im Winter. Die Zeremonie fand nachts in einem abgegrenzten Gebiet statt, das nach Osten hin offen war. Im Zentrum des sakralen Bereichs wurde ein Holzstoß angezündet, und dann tanzten die weißbemalten jungen Männer des Stammes um das Feuer in Richtung des Sonnenlaufs, wobei sie den Sonnenaufgang symbolisch darstellten. Singend und tanzend zogen sie am Mittelpfosten ein Symbol der Sonne auf. Das Bild schwebte eine Weile oben an der Spitze und wurde dann wieder heruntergelassen. Diesem Tanz folgte ein Fruchtbarkeitsritual, bei dem ein Samenkorn eingepflanzt wurde, das symbolisch zum Wachsen gebracht wurde und zum Ende des Tanzes Frucht trug. Mit Sonnenaufgang war der Tanz beendet, dessen Höhepunkt ein wildes Umherwirbeln der Tänzer bildete. Nun war der heilige Bezirk an allen vier Seiten offen.

Durch Nachahmen der kreisförmigen Bewegung der Himmelskörper nahm der Mensch teil am Geschehen des Sternenhimmels und erfuhr die Wirklichkeit als um ein Zentrum geordnet, um den Gott des Anbeginns selbst als unbeweglichem Mittelpunkt. Diese Erfahrung des Zentrums wird essentiell für die Gottesverehrung und führt schließlich zur Wahrnehmung einer objektiven Wirklichkeit.

Plotin beschreibt in seinen Enneaden diese Erfahrung der Mitte am Beispiel des griechischen Chorus, der sich singend und tanzend um seinen Chorführer oder um den Altar bewegte:

So wie der Chorus sich immer im Kreis um seinen Anführer bewegt und am besten singt, wenn er sich diesem zuwendet, so müssen auch wir uns Ihm zuwenden; denn wenn wir Ihn ansehen, werden wir uns unseres Zieles und unserer Stellung bewußt, und unsere Stimme ist im harmonischen Einklang mit Ihm, wenn wir uns um Ihn bewegen in einem Tanz, der von der Wahrheit inspiriert ist. In diesem Tanz können wir die Quelle des Lebens finden, das Prinzip des Daseins, die Basis der Güte und den Ursprung der Seele.

Je undifferenzierter die seelische Struktur des Menschen ist, desto mehr identifiziert er sich mit den Vorgängen in seinem Körper. So war auch alle religiöse Erfahrung anfänglich ganz körperorientiert und sinnesgebunden. Aus dieser totalen Körperbezogenheit erwuchs die Vorstellung, daß die Gottheit körperlich in den Menschen einzieht und ihn dadurch verwandelt. Ebenso wurde die Einheit mit dem Gott dadurch bewirkt, daß der Gläubige einen Teil von ihm aß und durch die Verwandlung der göttlichen Substanz in sich seine geistigen Eigenschaften erwarb. Dieser religiöse Brauch lebt weiter in der christlichen Eucharistiefeier, in welcher der Opfertod des Gottes, als das Hingeben des Lebens, schöpferische Potenz wird.

Durch die dem Körper eigene Kraft wird der Tanz zum Sakrament. In der frühen Geschichte der Menschheit waren sowohl der Körper als Ganzes als auch seine einzelnen Teile heilig. Speisen, Getränke, der Atem und die körperliche Vereinigung waren geheiligte Mittel, wodurch die Gotteskraft in den Menschen einfließen konnte; diese dem Körper eigene heilige Kraft wurde durch symbolische Bemalung des ganzen Leibes oder seiner Teile ausgedrückt und bedeutete dynamische Verwandlung. Als das gezeichnete und geschmückte Gefäß ist der Körper Wohnort der göttlichen Kraft, die Stadt Gottes. Das Haupt, als Zentrum der Gotteskraft, wurde oft mit einer Maske verdeckt, denn im Opferritual bedeutete die damit ausgedrückte Verwandlung das totale Einssein mit der dargestellten Präsenz. Das Vorhalten eines anderen Gesichts machte es einem anderen Geist möglich, in den Gläubigen einzuziehen. Indem dieser seine persönliche Physiognomie und Gestalt verlor, wurde seine Verwandlung in den Gott veranschaulicht.

Tiermaskentänze wurden im Bewußtsein ausgeführt, sich damit der göttlichen Natur des heiligen Tieres zu nähern und auf diese Weise auch dem Gott, der ihm innewohnte. Kopfschmuck, Tierhäute und Körperhaltung waren äußeres Hilfsmittel für eine innerliche Assimilation. Besonders betont wurden die Augen, die das „Erscheinen“ der göttlichen Kraft sichtbar machten, und der Mund als das doppelaspektige Symbol des Göttlichen, nämlich des Hervorbringens und Verschlingens.

Rituelle Verwandlung als kathartischer Höhepunkt aller Sakraltänze beruhte auf der Einsicht, daß die körperliche Geburt nur den physischen Menschen hervorbringt und daß der lebendige Geist erst durch eine zweite Geburt geboren wird. Jede Verwandlung birgt ein tiefes Geheimnis und bedarf der Maske als Schutz. Die Transformation der Materie geschieht durch die während der Tanzekstase erzeugte Hitze und bewirkt die Alchimie, welche die menschliche Persönlichkeit verwandelt. Wachstum und Entwicklung setzen immer Verwandlung voraus, was auf psychologischer Ebene einem Sterben der bisherigen Existenz gleichkommt – es offenbart sich der Gott hinter der Maske des Tieres. Die ekstatische Erfahrung als die Geburt des Mysteriums ist gleichzeitig ein Transzendieren des „Todes“-Erlebens des Körpers und ein Erlebnis der Transfiguration des Gottes.

Der sakrale Raum

Der Gott Schiwa, der die Energie des zeitlosen Seins verkörpert und die Einheit von Raum und Zeit in der Entwicklung symbolisiert, tanzt im Zentrum des Universums und im Herzen der Menschen. Sein Tanz ist der Strom des Lebens und löst die Vielfalt der Schöpfung aus, die in den Jahrmillionen ihrer Entwicklung immer komplexere Verbindungen geschaffen hat. Durch das Ritual wird die wiederholte Begegnung mit dem göttlichen Zentrum möglich gemacht.

Diese Begegnung wurde durch das Umtanzen oder Umschreiten von Heiligtümern, sakralen Gegenständen und heiligen Wesen gefeiert. Die Umkreisung des heiligen Zentrums hatte die Bedeutung, eine dauerhafte Beziehung zum Quell des Lebens herzustellen, wodurch Geographie zur symbolischen Kosmologie und der Mensch als Mittler der Handlung dem Schöpfer gleich wurde. Das Erlebnis des Raumes ist eine der gewaltigsten Begegnungen mit der göttlichen Potenz. Der äußere Raum wurde, ebenso wie der Körper, als Zentrum magischer Kräfte erlebt. Seine drei Dimensionen mit einem

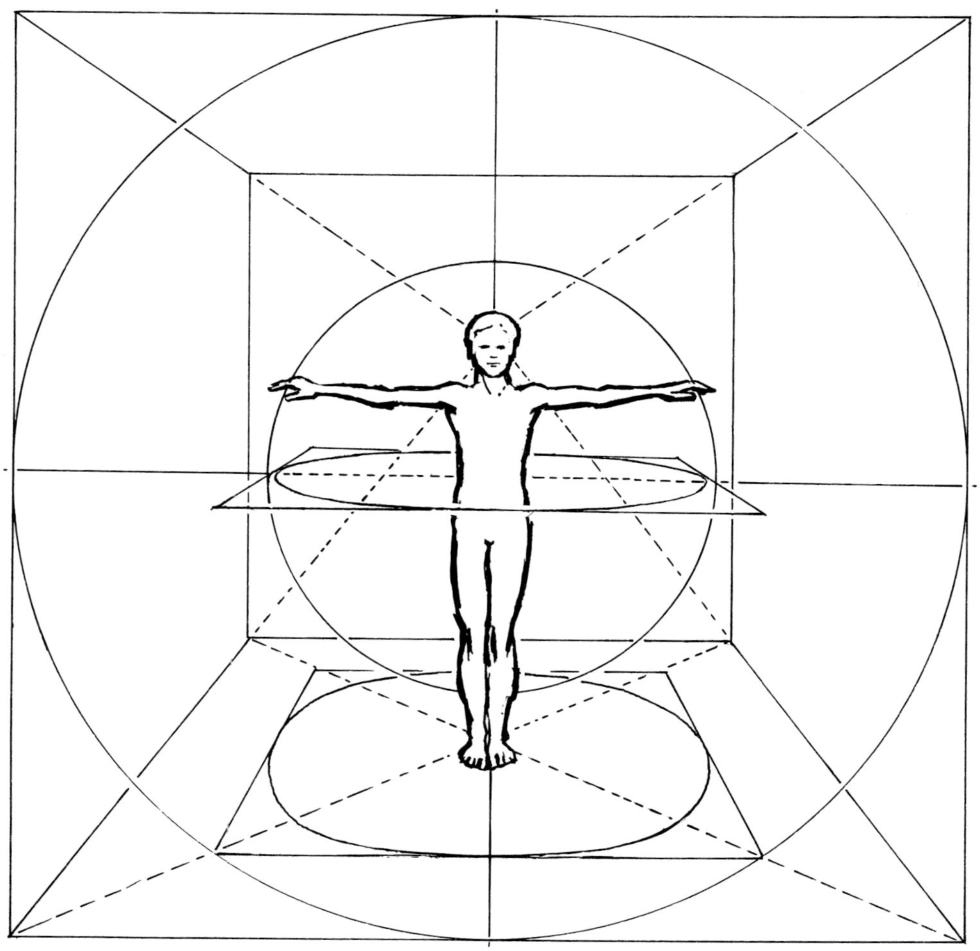

jeweils bipolaren Bewegungsspielraum wurden, ausgehend vom göttlichen Zentrum, aus dem sich die Raum Zeit-Achse entfaltet, als heilig erlebt und verehrt. Auf einen gemeinsamen Mittelpunkt bezogen, sind alle Linien miteinander verbunden. Die Schnittpunkte der Raum/Zeit-Achse mit der Kreisperipherie sind, abstrakt gesehen, die vier Wendepunkte der Sonne auf ihrem Wege durch den Zodiakus. Der Kreis selbst ist Darstellung des Lichtes als Emanation in den Raum hinein.

In vielen Kulturen ist die Raum/Zeit-Achse mit dem Symbol des Lebensbaumes verbunden: Die Vertikalachse ist der Weg des Ab- und Aufstiegs der göttlichen Kraft und die Horizontalachse ihre Offenbarung in der Schöpfung. In dieser *axis mundi* im Zentrum der Welt trifft alles Gegensätzliche aufeinander. Dieses statische Kreuz als Vereinigung von Mikro- und Makrokosmos ist gleichzeitig Struktur und Bestimmung des Menschen.

Die sechsfache Bewegungsorientierung des Menschen im Raum (oben, unten, vorwärts, rückwärts, rechts, links) hat eine unsichtbare siebente Dimension im Zentrum des Menschen, in der „Herzenskammer“, wo die Richtungslinien sich schneiden als Ort der Auseinandersetzung der zwiespältigen Lebenskräfte. Die Unterteilung des statischen Kreuzes ergibt das dynamische Kreuz oder das rollende Rad, Symbol des menschlichen Bewegungspotentials im Raum, wobei die zyklische Bewegung durch das Zusammenspiel der Gegensätze entsteht. Der sakral strukturierte Raum erleichtert Orientierung, gibt der religiösen Andacht einen Rahmen, verwandelt Chaos in Kosmos und macht so das menschliche Leben möglich.

Die Form des Tempels, als externer Ort der Anbetung, wurde von der Vorstellung der Erde als quadratisch □ das Symbol des Raumes, zusammen mit dem Himmelsgewölbe ∩ das Symbol für die Zeit: $\overset{\cap}{\square}$. Diese Raumvorstellung wurde auch auf den menschlichen Körper als Sakralgefäß übertragen, als Ort der rituellen Verwandlung. So wurde physiologische Transformation mit irdischen Übergangssituationen identifiziert, d. h. sie wurden als räumliche Ereignisse gewertet.

In der dem rituellen Tanz oft vorausgehenden Gebetsvorbereitung liegt der Gläubige entweder demütig vor seinem Gott auf der Erde, oder er kniet in Fötusposition vor ihm in Anrufung der göttlichen Macht. Noch ist das Göttliche nicht offenbar, es muß erst in ihm geboren werden. Erst mit dem Eintreten des „Geistes“ in ihn wird er ganz Mensch und dazu aufgerufen, sich im Koordinatenkreuz zu bewegen. Dadurch, daß er mit dem Zentrum verbunden ist, hat er sowohl Bestimmung als auch Orientierung, die seine Handlungen heiligen. Innerhalb dieser Koordinaten, als geistige Dimensionen um den Gläubigen, gibt es viele verschiedene Möglichkeiten der Kombination von Fuß-, Arm-, Kopf- und Körperhaltungen. Als Ausdruck der Anbetung, der Ehrerbietung, als Neugeborener im Geiste, erhebt der Mensch die Arme; senkt er sie, so zeigt er die Stellung des Lebensbaumes an, dessen Zweige im Tode nach unten zeigen. Die horizontal ausgestreckten Arme stehen für die Position der Verbindung nach außen. Ebenso können geschlossene oder offene Positionen von Beinen und Füßen eingenommen werden. Die rückwärtige und die linke Seite sind der Vergangenheit, der Involution, dem Unbewußten oder Ursprung zugeordnet, die vordere und die rechte der Zukunft, der Evolution, dem Bewußtsein als Dimension der Folgeerscheinungen. Die Überlieferungen der Hindus und Buddhisten unterscheiden überdies sieben Zentren oder Kreise von Energie im menschlichen Körper, die Chakras, die sich längs der Wirbelsäule vom Perineum bis zum Scheitelpunkt des Kopfes erstrecken. Das „Frontalauge", zentimetergroß zwischen den Augen angedeutet, als Wohnort göttlichen Ursprungs, ist nicht durch ein Körperorgan vertreten, enthält jedoch die ganze Wirklichkeit als zeitlose Gegenwart.

Das Durchgehen durch den sakralen Raum, das während des Rituals im heiligen Bezirk physisch realisiert wird, bedeutet Zurückführung zur Ganzheit, wozu das strukturierte Mandala Orientierung und Führung gibt. Und so ist auch der Raum als *sacrum* Zentrum für den Kontakt mit der göttlichen Energie; dort wird ihr dramatischer Durchbruch in die Welt gefeiert und nachvollzogen.

Der Sakralraum, in dem der Mensch die Herrschaft seiner Götter errichtet hat, ist der Ort, wo sich die göttliche Macht wiederholt manifestiert, denn dort hat der Gott für eine Weile in seiner Bewegung innegehalten und sich offenbart. Außerhalb dieses eingeschlossenen Bezirks herrscht das Chaos als der furchterregende, unbekannte, unstrukturierte Raum, wo die Formen sich auflösen.

Es war deshalb wichtig, daß der heilige Bezirk umfriedet und durch Tore verschließbar war, sollte der Ritus wirksam sein; dadurch wurde die Kraft, die von dem heiligen Tier, dem Kultobjekt oder von der geweihten Person ausging, bewahrt und konzentriert. Zum Sakralraum führen Wege für die zu ihm Pilgernden, die sie noch heute benutzen, um den Kontakt mit der Gotteskraft zu erneuern. Das Umschreiten heiliger Berge, Bäume und Tempel ist einer der ältesten, auf die Steinzeit zurückgehenden Bräuche.

Das Allerheiligste befindet sich oft ganz oder teilweise unter der Erde (als Höhle, Mithraeum, Krypta), wodurch der zentrale Teil des Sakralraumes dem Gläubigen nicht sichtbar oder direkt zugänglich ist. Dadurch aber, daß er das Heiligtum umschreitet oder umtanzt, ist er mit diesem Zentrum (wie zum Beispiel der Berg Kailash, die Ka'aba, der Stupa von Bórobodur) radial verbunden.

Der Kreuzesweg mit seinen Stationen wird noch immer von den Gläubigen in der Prozession beschritten; auch wird der heilige Weg vom Priester und der Gemeinde als Rundgang um die Kirche begangen, der vor dem Altar endet. Der Gläubige kann auch zum Heiligtum aufsteigen, wenn es auf einer Anhöhe erbaut oder der heilige Berg als Nabel der Welt selbst ist. Die vertikale innere Zeitachse des Heiligtums ist oft von einem heiligen Symbol oder einer Figur gekrönt.

Der Stupa von Borobodur, buddhistisches Symbol des Kosmos, stellt in seiner Vertikalachse in vier Etappen den Aufstieg dar von der Welt der Illusion der Formen bis hin zur Welt jenseits aller Form zur höchsten Glückseligkeit, die durch den Buddha Vajrasattva symbolisiert wird, der das Rad des Gesetzes dreht. Er sitzt im Zentrum als Nabe des Rades, um das sich alles Gegensätzliche bewegt.

Der Stupa wurde zuerst umschritten, und dann begann der Gläubige den Aufstieg. Während solch einer rituellen Prozession wurden Gebete und Mantras rezitiert, Gebets-

Querschnitt und Plan des Stupa von Borobodur, Java

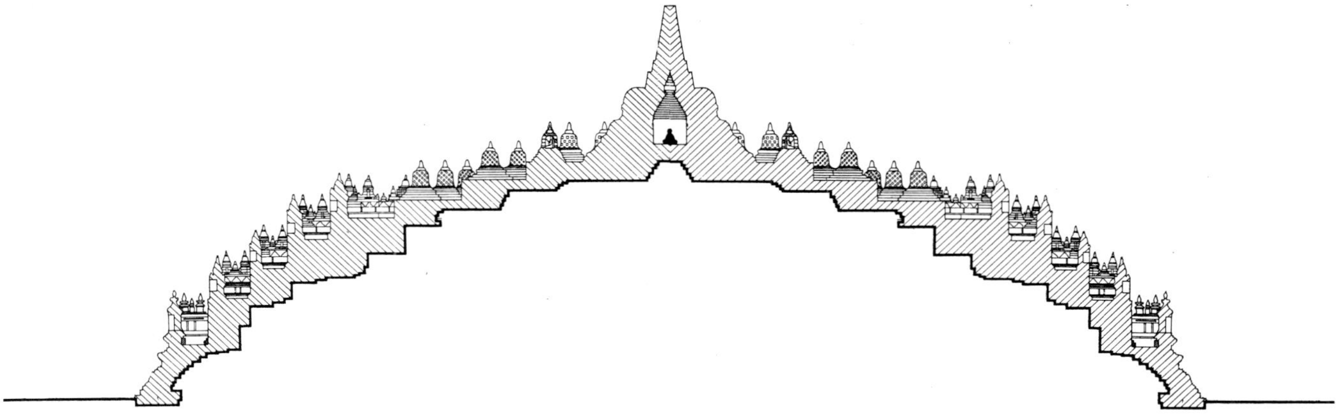

mühlen gedreht und die Luft durch Weihrauch gereinigt. Durch diese auf sie gerichteten, äußeren Handlungen nähert sich der Gläubige der inneren Wirklichkeit.

Aber auch die Gottheit, als sakrales Zentrum verehrt, bedarf des Gläubigen. So lehrte z. B. Ibn Arabi, daß die Ka'aba dadurch belebt wird, daß man sie umschreitet. Analog diesem äußeren Umwandeln ist das *tawaf,* das Umkreisen des Herzens, als der inneren Ka'aba des Menschen, die sich während der Andacht mit neuem Leben auflädt. Die zweite Geburt des Menschen, als seine „Vollendung", wird durch eine historisch bedingte Tradition bewirkt, die somit unerläßliches Instrument der Initiation in die Mysterien einer Gemeinschaft ist. In diesem Sinne ist auch das Bibelwort zu verstehen:

Es wird gesät der natürliche Leib
es wird erhöht der geistige Leib.

Mysterien

So wie derjenige, der leiblich mit seinen Gliedmaßen tanzt und sich dreht, das Recht erwirbt, am Rundtanz teilzuhaben, so erwirbt sich auch derjenige das Recht, der am geistigen Tanz teilhat und sich in der Ekstase des Glaubens bewegt, im Rundtanz der ganzen Schöpfung mitzutanzen.

(Ambrosius, Bischof von Mailand, 4. Jh.)

Durch den Tanz erreicht der Mensch den Zustand, der seine Arbeit zum Gottesdienst werden läßt, jedoch den „Tod" des Tanzenden voraussetzt und seine Wiedergeburt durch Opferung als Ausdruck des kosmischen Gesetzes im Zyklus des „Am-Leben-Seins-durch-gegenseitiges-Töten". Das Thema des Todes zieht sich wie ein roter Faden durch die Geschichte der sakralen Traditionen der Welt. Sinnbild für diesen Prozeß als Zustand ist die Gestalt der Göttlichen Mutter der Hindus, Kali. Sie ist Verkörperung des Universums, das Lebewesen hervorbringt, nur um sie wieder zu verzehren. Tod und Leben erscheinen so als Wandlungsformen einer einzigen unzerstörbaren Macht: Immer von neuem opfert sich das Leben allem Lebendigen, und seine Formen sind nur viele Masken der Ewig-Gleichen.

Das Opfer ist ein Hauptaspekt des Religiösen als Ausdruck völliger Hingabe an das Göttliche, und jedesmal, wenn das Opfer wiederholt wird, ist die Einheit des Urbeginns wiederhergestellt. Geschichtlich wurde das Menschenopfer durch das Tieropfer abgelöst; später waren es Ernteprodukte und Speisen, die geopfert wurden, wobei immer der Mensch einen Teil von dem, was er erworben hat, an die göttliche Macht zurückgibt. Letztlich aber ist es stets der Gott selbst, von dem alles Geschaffene nur ein Teil ist, der geopfert wird.

Als Sinnbild für die Entfaltung des Universums aus dem Ur-Einen zeigt die Spirale schematisch die Bewegungsspuren des Geistes in der Schöpfung auf. So sind alle Labyrinth-Tänze pantomimische Darstellung der Reise der Seele durch die Welten. Das prähistorische Labyrinthmuster, das außerhalb der Steinzeithöhlen aufgezeichnet war, wurde zum Symbol des Eingangs in die göttliche Welt und später zum Sinnbild des Weges in den Hochreligionen.

Nach einem Mythos aus West-Ceram, der in dem tiefsinnigen „Maro"-Tanz überliefert ist, haben einst die neun Familien der Menschheit neun Nächte lang getanzt. Die Frauen saßen in der Mitte, und die Männer tanzten eine neunfache Spirale um sie herum. Nach dem Mythos beschenkte während dieser neun Nächte die Jungfrau Hainuwele die Menschen mit Werkzeugen und besonderen Fähigkeiten. Sie wurde dann getötet und begraben, ihr Körper wurde durch den Wandel der Jahreszeiten zur Nahrung für die Menschen.

In einem anderen Labyrinth-Ritus, dem Na-leng-Tanz aus Malehula, stellten die Tänzer selbst die Spirale dar und erzählten während des Tanzes die dramatischen Geschehnisse der Totenreise der Seele. Der Tanz war eine Weihezeremonie des Stammes, in welcher der Einzuweihende wandernd und singend die Personen im Inneren des Heiligtums durch das Beschreiten des Labyrinthweges zu erreichen suchte. Der Höhepunkt des Tanzes war die rituelle Hochzeit als Vereinigung mit dem Zentrum.

In *Isis und Osiris* beschreibt Plutarch die griechisch-ägyptischen Mysterienkulte und deren Ziel geistiger Vereinigung nach einer vorausgegangenen Reise durch das Dunkel des Labyrinths:

Tod und Initiation sind eines nur ... Zuerst sind da beschwerliche Wege, das Eintreten ins Dunkel, Zweifel und Furcht, Suche ohne Erfüllung, dann kurz vor dem Ende Schrecken aller Art, Schweiß, Erschauern und höchstes Erstaunen. Dann trifft den Suchenden ein wunderbares Licht, und er wird aufgenommen von lieblichen Wiesen, wo er Stimmen und die Majestät heiliger Töne erlebt, Tänze und göttliche Visionen. Nun endlich sind beendet die Riten, und der Eingeweihte ist frei.

Das Begehen eines Weges voller Hindernisse ist das Leitmotiv aller Labyrinth-Symbolik, wobei sich das Äußere um ein verborgenes Zentrum schließt, welches den Zutritt zu ihm versperrt. Das Erreichen des Ortes der Vereinigung im Zentrum ist gleichbedeutend mit Verwandlung und das Wiederheraustreten aus dem Labyrinth mit Wiedergeburt.

Der „Geranos"-Tanz der Insel Delos geht zurück auf die Sage von den Erlebnissen des Theseus im Labyrinth von Kreta. Er ist der historische Prototyp, der auch alle frühchristlichen Kirchentänze geprägt hat. Die Tänzer hielten ein Seil, den Faden der Ariadne, und ebenso wie dieser zuerst von Theseus aufgerollt und dann wieder zu einem Knäuel zusammengewickelt wurde, so führte der Vortänzer die Gruppe in die Mitte des Labyrinthes und dann wieder heraus. Die Tänzer bewegen sich in das Labyrinth hinein von rechts nach links, die Richtung der Involution und des Todes, kreisen um die Mitte und folgen ihrem Anführer wieder in entgegengesetzter Richtung, die symbolisch ist für Evolution und neue Geburt. Beide Tanzrichtungen zusammen bedeuten die Fortdauer des Lebens über den Tod hinaus, als Hinweiszeichen auf die Unsterblichkeit.

In der frühchristlichen Kunst wurde der Minotaurus des Labyrinths mit Satan identifiziert, und aus Theseus wurde Christus, der in die Unterwelt hinabsteigt, um Satan zu besiegen und glorreich, zusammen mit den erlösten Seelen, durch die Pforten des Todesreiches zurückkehrt.

Seit dem 11. Jahrhundert gibt es das Labyrinth in vielen Kirchen und Kathedralen Europas. Es ist meist im Mittelschiff, unweit des Hauptportals, in den Fußboden eingelegt. Diese Darstellungen wurden dreidimensional konzipiert, wobei die Mitte/Spitze das Himmlische Jerusalem repräsentiert. Mit dem Beginn der christlichen Ära wurde die Sonne ein Symbol für Christus *(sol invictus, sol justitiae)*, als Sonne der Gerechtigkeit war er für alle auferstanden, die im Dunkel leben. Dieser Glaube, daß der auferstandene Christus aus der Unterwelt heraustanzt, findet sich auch in der Vorstellung der Mystiker des Mittelalters.

Jedes Jahr am Ostersonntag wurde auf dem Labyrinth der Kathedrale von Auxerre das Pelota-Ballspiel in einem Dreierschritt *(tripudium)* getanzt, rhythmisch begleitet vom gesungenen Oster-Antiphon. Angeführt vom Vorsteher des Domkapitels und den Domherren, bewegten sich die Tanzenden in einer langen Reihe entlang des Labyrinthmusters. Der Ball *(pilota)*, dem höchsten kirchlichen Würdenträger von den neu eingesetzten Domherren überreicht, wurde während des Tanzes von Hand zu Hand wechselweise weitergereicht. Vom Vortänzer in der Mitte der Gruppe wanderte der Ball zu den Mittänzern und wieder zurück, dabei drehte sich der betreffende Tänzer jeweils um sich selbst. Nach beendetem Tanzritual versammelte sich das Domkapitel zum heiligen Mahl. Das Pelota-Ritual veranschaulichte den Weg oder Tanz der Sonne durch das Jahr als ihre „Passion", analog zum Weg des Göttlichen durch die Schöpfung und zum Weg des inkarnierten Gottessohnes, zu seinem Tod, seiner Grablegung und Wiederauferstehung als Christus-Sonne zu Ostern.

Das früheste, bekanntgewordene christliche Mysterienritual ist der „Reigen Jesu", enthalten in den Apokryphen des Neuen Testaments, die auf den Jünger Johannes zurückgehen. Noch bis zum 4. Jahrhundert wurde dieser Reigen als ein Initiationsritual vollzogen. Der getanzte Lobeshymnus ist geistiges Opfer und Vollendung des Heiligen Abendmahls zugleich. Es ist ein Opfer innerlicher Art und eine äußere *laudatio* des Herrn. Christus steht in der Mitte seiner Jünger, die einen Kreis um ihn bilden und gemeinsam einen Wechselgesang intonieren:

Er versammelte uns alle und sprach:
„Ehe ich jenen preisgeben werde,
Wollen wir dem Vater lobsingen
Und dann hinausgehen zu dem, was bevorsteht."
Er befahl uns nun, einen Kreis zu bilden,
Indem wir einander bei den Händen hielten,
Trat selber in die Mitte und sagte:
„Respondiert mir mit Amen!"
Er begann also einen Hymnus zu singen und zu sagen:
„Ehre sei Dir, Vater."
Und wir umkreisten ihn und respondierten ihm mit Amen.

Durch Danksagung, Lobpreisung und die Indentifikation des Jüngers mit dem Meister befreit der „Reigen Jesu" den göttlichen Geist von seinem irdischen Körper. Der Jünger muß die Taten seines Herrn nachahmen, damit er ihm gleich werde und Vereinigung mit ihm erlange: Wer den Sinn seiner Handlung begreift, kann sein göttliches Wesen erkennen. Dieses Geheimnis wird durch die Tanzbewegungen offenbar und durch die Glückseligkeit, wozu sie führen. Das Zelebrieren der mystischen *unio,* in welcher der neugeborene Jünger sich mit dem Meister vereint, hat die antiken Mysterienkulte zum Vorbild. Ähnliche Rituale waren im Altertum weit verbreitet und sind auch in der christlichen Ära in Bruderschaftsorden zu finden, jedoch außerhalb der offiziellen Kirche.

Der Gottesdienst vollzieht sich innerhalb des mystischen Kreises: Der Erlöser steigt herab und fährt wieder auf, nachdem er die Samen Gottes in der Welt der Materie gesammelt hat; wie der Meister sind auch die Jünger auf einer Reise zum Himmel. Nach seiner Verklärung („Und er stand inmitten der Höhle und erleuchtete sie") hat der Gott nicht länger eine äußere Form; der Christus der Mysterien lebt jetzt in den Körpern derjenigen weiter, die ihm angehören. Nur seine Stimme ist noch vernehmbar, und diese Stimme verkündet den Jüngern symbolische Führung:

Eine Leuchte bin ich dir, der du mich siehst. Amen.
Ein Spiegel bin ich dir, der du mich erkennst. Amen.
Eine Tür bin ich dir, der du bei mir anklopfst. Amen.
Ein Weg bin ich dir, dem Wanderer. Amen.

Es ist die Stimme, die den Urton der Schöpfung anklingen läßt und auch den des Jüngsten Gerichtes; durch den Tanz erfährt sie der Jünger als Offenbarung des göttlichen Gesetzes.

Durch die tänzerische Darstellung des Leidensweges wird der Jünger zutiefst erschüttert und aus seinem Zustand der Fixierung aufgerüttelt, so daß er das universelle Drama der Zerstückelung und des „Todes im Leben" als Epiphanie des Göttlichen schaut: Er sieht das Lichtkreuz als Offenbarung der göttlichen Wesenheit des Meisters. Auf den rituellen Tanz folgen das heilige Liebesmahl, *agape,* und der Kuß des Friedens.

Es war der Tanz Davids vor der Bundeslade, der das Vorbild für das Tanzen innerhalb der frühchristlichen Kirche wurde. So heißt es in den „Theologischen Reden" des Hl. Gregorius von Nazianz:

„Tanzt den Tanz Davids vor der Bundeslade, denn er birgt das Geheimnis, wie man vor dem Angesicht Gottes wandeln soll."

In der frühchristlichen Kirche fanden Tanzrituale oben im Chor statt, wobei der Bischof die Rolle des Vortänzers hatte. Die Vorstellung, daß himmlische Wesenheiten lobsingend den Thron Gottes umkreisen, geht auf den Talmud zurück, wo das Tanzen als die Hauptfunktion der Engel beschrieben ist. Auch glaubte man, daß während des Gottesdienstes, im besonderen während der Messe, die Engel anwesend wären und zusammen mit Christus das Mysterium Gottes zelebrierten. Die christliche Kunst hat durch die Jahrhunderte diese Vorstellung singender und tanzender Engel in reichem Maße dargestellt.

Die alten Kirchenväter erwähnten den Tanz oft als Medium der Anbetung, wodurch sich die Gläubigen mit den Engeln und erlösten Seelen im Paradies verbinden:

„Kann es etwas Segensreicheres geben, als auf Erden den Tanzreigen der Engel nachzuahmen und mit dem Aufgang der Sonne unsere Stimmen im Gebet und mit Gesang zu erheben, um so den Schöpfer zu lobpreisen?" (Basilius, Bischof von Caesarea, 4. Jh.)

Symbol und Verehrung

Alle sakralen Traditionen zeugen vom Verhältnis des Menschen zur tranzendenten Gottesmacht. Als einzige Garantie für die Fortdauer des Lebens hat der Mensch immer wieder versucht, sich durch das Ritual mit dieser Macht zu verbinden. Immer wenn der Mensch sich vor allem darum bemüht hat, transpersonale Werte zu verfolgen, hat er ein Entwicklungsniveau erreicht, das seinen Niederschlag in den großen Errungenschaften vergangener Zivilisationen gefunden hat; diese wurden von der ganzen Gemeinschaft tradiert, obwohl sie immer nur von wenigen Einzelpersönlichkeiten inspiriert und wieder erneuert wurden.

Wie Mythos und Ritus von der transzendenten Macht geformt sind, so auch die Form der Pflanzen und Bäume, die Struktur des Nervensystems und jeder beliebige andere Prozeß jenseits bewußter menschlicher Einflußnahme. Die Stilisierung und Abstraktion, als Darstellung der göttlichen Macht durch eine menschliche Strukturierung, entspricht einem symbolischen Ausdruck für die „andere Welt."

Jede wichtige Lebenshandlung wurde so durch rituelles Tanzen begonnen und von den Hütern der Tradition, die dafür besonders eingewiesen wurden, weitergegeben. Wird aber ein Ritual von der Priesterschaft, verbunden mit einem Machtanspruch, nur von der Form her übernommen, ohne Hinblick auf die sich wandelnden Zeiten oder Bedürfnisse der sich entwickelnden menschlichen Einzelpersönlichkeit, degeneriert die sakrale Tradition zum Relikt, und das Symbol, dem nur eine bestimmte und somit begrenzte Bedeutung beigemessen wird, wird zum Idol. Ein Ritual, das nur überlebt, entspricht nicht länger der Wahrheit, da es als reines Kuriosum einer vergangenen Kultur nicht mehr lebendig ist. Theologisches Dogma, Eklektizismus und Askese tragen das ihre dazu bei, spontan inspirierte Bewegungsäußerungen zu unterdrücken, und so wird der Tanz schließlich tabuisiert und als gefährliche, sogar üble Erscheinung gewertet.

Mit der fortschreitenden Entwicklung des Intellekts und der Fähigkeit des Reflektierens nimmt die Spontaneität zusehends ab, und die Form der Andacht verlagert sich mehr und mehr von aktiver körperlicher Beteiligung, wie im Tanz, zu kontemplativer Beschaulichkeit und bewußter meditativer Verinnerlichung, die körperliche Beteiligung ausschließt und sogar überflüssig macht. Der Mandala-Weg zu Gott wird nun geistig in kontemplativen Übungen beschritten oder getanzt: „Braucht der Yogi, der das göttliche Mandala in seinem Körper perfekt realisiert hat, dieses noch vor sich auf der Erde aufzuzeichnen?" (W. Y. Evans-Wentz; Milarepa, der große Yogi Tibets)

In den meditativen Übungen ist die Annäherung an das Göttliche ein psychologisches Um-Sich-Selbst-Kreisen, um alle Aspekte des Selbst betrachten zu können. Dadurch wird der Psyche das gleiche Maß an Realität zugestanden wie der Außenwelt, so daß die religiöse Erfahrung das Höchste und das Fernste sowie auch das Tiefste und dem Menschen Allernächste mit einbezieht.

So wie der Mensch der Frühzeit den Weg über sich selbst hinaus durch das Intensivieren seiner instinktiven Äußerungen erreichte, erlangt der Mystiker die innere Gottesschau durch psychotechnische Praktiken, die auf der Einsicht beruhen, daß der Mensch als Mikrokosmos in sich das All trägt und es deshalb in sich erforschen kann. Praktiken dieser Art basieren hauptsächlich auf spezifischer Körperhaltung und der Wiederholung heiliger Silben oder Gebete. Rhythmus und Ton werden auch hier als Substanz und Lebensträger gewertet, wie in den hinduistischen und buddhistischen *mantra-* und *pranayana-*Übungen, im „Jesusgebet“ der ostkirchlichen hesychastischen Mönchsbewegung oder der islamischen *zikr-*Übung, bei denen der Atem als Basis neuen Lebens gilt.

Wie im Mythos der Kosmos als tönend begriffen wird und sich im Raum durch Rhythmus in Bewegung verwandelt, so zielt rituelles Psalmodieren daraufhin, sich mit dem Ton jenseits der Schöpfung zu verbinden, der im Gläubigen seinen Ursprung hat. Jeder Mensch, der sein wahres Zentrum gefunden hat, wobei sein Herz magisch in das Zentrum des Kosmos verwandelt worden ist, zeugt im Lobgesang von der Wahrheit. Die höchste Wahrheit aber ist jenseits jeder Ver-Äußerung, und so ist es das Ziel des „innerlichen Tanzes“ des Mystikers, der Stille zu begegnen: Sowohl die Zen-Übung, eine kahle Wand anzusehen, als auch die Übung der Tibeter, auf dem Rücken liegend in die Leere des Himmels zu schauen, haben das eine Ziel, den Geist bis hin zur Auflösung aller Formen zu führen, zur totalen Einswerdung mit dem Nichts als dem All.

Meditative Übungen verlangsamen den Fluß der Zeit und lassen die Trennung von innen und außen verschwinden: Im zeitlosen Augenblick werden die Gegensätze transzendiert, und der Geist kann sich mit allem zu beliebiger Zeit verbinden, so daß das göttliche Zentrum all-gegenwärtig wird:

> *Nun da ich mit dem Auge des Geistes sehend bin, erblicke ich mich überall:*
> *Ich bin im Himmel und auf der Erde, im Wasser und in der Luft.*
> *Ich bin im Tier und in der Pflanze;*
> *Ich bin das Kind im Schoße der Mutter, der Same vor der Zeugung,*
> *ich bin auch das Neugeborene.*
> *Allgegenwärtig bin ich.* *(Aus den Upanischaden)*

Wer dem Antlitz Gottes jenseits aller Masken begegnet, dessen Inneres ist gleich dem Allerheiligsten des Tempels, das keine Fenster hat; all sein Licht erhält es von dem ihm innewohnenden Göttlichen.

Umgeben von der leuchtenden Aura zeitlos-göttlicher Energie, tanzt Schiwa den fünffachen Tanz der Schöpfung, Bewahrung, Zerstörung, Verschleierung und Erlösung. Dabei hat er den Dämon der Unwissenheit unter seinem Fuß gebändigt, und sein Haupt schaut erhoben von Ewigkeit zu Ewigkeit. Die Schöpfung wird aus dem Rhythmus seiner Trommel geboren, die zum Segen erhobene Hand verspricht Bewahrung, das Feuer löst die Formen auf und verwandelt sie, der erhobene Fuß zeigt Erlösung von Verkettungen an, und die auf den erhobenen Fuß deutende Hand verspricht ewigen Frieden.

Wenn alle Tanzformen vergangen sind, bleibt allein der kosmische Tänzer im Zentrum des Universums erhalten, und die Suche des Menschen nach dem Punkt der Ruhe von aller Bewegung im Zentrum des Seins findet ihre Erfüllung mit der Auflösung der „traumähnlichen Formen“, wenn nur Er allein noch im Herzen wohnt und tanzt: „Wer Seinen mystischen Tanz schaut, Ist frei von Geburt und Tod.“ (Unmai Vilakkam)

1 Die himmlische Ordnung gibt dem menschlichen Dasein seine Struktur. Dieses kosmische Mandala ist bildhaftes Symbol der Emanation und Wiederauflösung des Geschaffenen. Das Licht wird im Zentrum geboren, als Thron des Schöpfers. YHVH, Ich-bin. In der Durchdringung des Dunkels erschafft es Bewegung: „Und der Geist schwebte über den Wassern.“ Durch Bewegung wird die Ewigkeit Geschichte und die Unendlichkeit strukturierter Raum. Die drei äußeren Kreise stellen die Erschaffung der Welt und den Ursprung und Weg des Menschen dar. (Schöpfungsgeschichte, Gewölbe des Atrium, Markuskirche, Venedig, 13. Jh.)

2 Die Zeit und der Raum, durch die sich der Mensch seines Schöpfers bewußt wird, sind dadurch heilig, daß sie mit der Ewigkeit und Unendlichkeit verbinden. Der heilige Bezirk garantierte die Begegnung mit dem Göttlichen und trennte den Ort seiner Offenbarung von der furchterregenden, unbekannten Welt außerhalb seiner Umfriedung. (Modell eines Sakralraumes mit Kultszene, Terrakotta, Vounous, Zypern, ca. 2500–2000 v. Chr.)

3 Die Gottheit wurde durch den Schamanen oder Priester repräsentiert, als das von ihm erwählte Instrument der Übermittlung seiner Kraft. Sein Sitz oder Thron war Symbol für den Ort göttlicher Offenbarung. Um ihn herum vollführten die Gläubigen ihren Tanz, wodurch jeder sich direkt mit dem Ursprung der Gotteskraft verband. Durch Drehung um die eigene Achse wurde er selbst zum Zentrum göttlicher Offenbarung. Zeremonien dieser Art waren immer auf den Tod der alten und die Geburt der neuen Ordnung bezogen, die einander in unendlicher Folge ablösen. (Neujahrstanz der Götter, Potala-Palast, Lhasa, Tibet.)

4 Als Sri Nataraja, Herr des Tanzes, vollführt Schiwa den fünffachen Tanz der Schöpfung, Verschleierung, Bewahrung, Zerstörung und Erlösung. Umgeben vom Glorienschein göttlicher Energie, den Dämon der Unwissenheit unter den Füßen, tanzt Schiwa im Zentrum des Universums wie in der „Verbrennungsstätte" des Herzens seines Gläubigen, ihn von den Fesseln des Daseins erlösend. Schiwas Tanz ist die Synthese aller Lebenserfahrung und Sinnbild alles-durchdringender Energie. (Tanzender Schiwa, Bronze, Indien.)

5 Unendlich viele Buddhas und Bodhisattvas steigen aus der Krone Avalokiteshvaras, des Großen Mitfühlenden, auf und füllen mit ihrem Licht die Welten. Von Flammen umlodert, ist er allgegenwärtig und allsehend, seine Juwelenhände umfassen alle Wesen. Durch sein Bildnis wird der Gläubige zum Verständnis des von Buddha geoffenbarten Gesetzes geführt, der allgegenwärtigen Herrlichkeit aller Dinge. (Avalokiteshvara, Gouache, Tibet, 18. Jh.)

6, 7 Im Matriarchat wurde das Weibliche in der Form der Großen Göttin verehrt, deren Körper, als alles mit der Zeit Gewordene, das gesamte Universum enthält. Dieser Körper war auch Symbol für alle Prozesse der Verwandlung, da er die Elemente Erde, Wasser, Luft und Feuer in sich vereint. Geburt, Heirat (Vereinigung) und Tod waren der Göttin heilig und wurden ihr zu Ehren rituell gefeiert. Das Leben wurde als große Einheit verehrt und symbolisch in Rundtänzen, oft ekstatischer Art, gefeiert. (6 Kopf einer Göttin mit Kreistanz der Gläubigen auf ihrer Krone, Kalkstein, Zypern, spätes 6. Jh. v. Chr.; 7 Göttin mit Kette tanzender Gläubiger, Tanagra, bemalte Terrakotta, Böotien, archaisch.)

8 Der Schöpfer ist Urgrund der Bewegung. Nach dem Glauben der Antike wurde diese Bewegung von einer unendlichen Zahl von Geistwesen verursacht, als Verkörperungen verschiedener Aspekte seiner Macht. Sie lenken und ordnen jedes Detail im Kosmos und singen dabei fortwährend einen Lobgesang, worin sie die Herrlichkeit des Schöpfers preisen. (Engel drehen das Rad des Universums, französische Miniatur, 14. Jh.)

9 Gott ist Gerechtigkeit und Basis aller Ordnung. Sein *angelos* oder Bote wacht unparteiisch über den Tanz der Dämonen des Dunkels, die über den Menschen Herr zu werden versuchen. Nach christlicher Auffassung erwächst das Böse aus der begrenzten Welt des Geschaffenen und untersteht so göttlichem Gericht. (Engel der Gerechtigkeit und tanzende Dämonen, *Commentarius in Apocalypsin,* 1109.)

BARRABAS
DIVES
BEEL ZEBVB

10 Als Substanz aller Bewegung und Ruhe verhelfen die geistigen Wesenheiten den Lebensprozessen zu ihrer Erfüllung. Sie schaffen die Verbindung zwischen der Götter- und Menschenwelt und erscheinen, entsprechend ihrer Funktion, vielgestaltig. Im *Rig Veda* sind die Apsaras, die himmlischen Nymphen, an der Bereitung des göttlichen Soma-Trankes beteiligt, der den Gott Indra zur Erschaffung des Universums verleitete. (Neun tanzende Apsaras auf einem Tempelfries, Bayon-Stil, Indien, 12.–13. Jh.)

11 Die Anbetung ist das Mittel des Menschen zur Vereinigung mit seinem Gott. Der Gründer der bengalischen Sekte der Vaishnavas, Chaitanya, lehrte im 15. Jahrhundert die totale Hingabe, *bhakti,* an die höchste Gottheit in der Form Krischnas. Durch Musik, Gesang und Tanz wurde menschliche Anbetung mit göttlicher Liebe in Einklang gebracht. (Tanzende Vaishnavas, Buchumschlag, bemaltes Holz, Bengalen.)

12 Ewig kreisend, erschafft, bewahrt und zerstört die Zeit den Kosmos. In der buddhistischen Ikonographie wird das kosmische Rad der Zeit oder der Seelenwanderung, das *Bhavachakramudra,* zwischen den Klauen und Zähnen der Todesdämonin Shrinmo dargestellt. Die Symbole der Zeit sind in ihrem Körper in drei konzentrischen Kreisen angeordnet: Im Zentrum allegorische Tiere als Symbole sündhafter Leidenschaften. Im nächsten Kreis die sechs Welten mit den verschiedenen Wesen (Höllenwesen, Hungrige Geister, Tiere, Menschen, Asuras, Götter), wobei jeweils ein Geistesgift bestimmend ist. Im äußeren Kreis: Geburt, Alter, Tod und Wiedergeburt als Stadien des ewigen Kreislaufs. Daraus lösen kann sich der Mensch nur, indem er das Wissen um die Scheinbilder der Sinne erwirbt. (Lebensrad, Gouache, Tibet, spätes 18. Jh.)

13 Im großen Lebens- und Todeszyklus wird mit der Geburt des Neuen Jahres gleichzeitig das Begräbnis des alten gefeiert. Symbol der Verwandlung ist das lodernde Feuer. (Neujahrstanz der Lamas, als Feier des „Großen Gebetes", Sikkim.)

14, 15 Die Sonne als allsehende und allwissende Gottheit nimmt in der himmlischen Hierarchie den höchsten Platz ein. In Indien ist sie als Surya, das Auge Varunas, bekannt, in Persien das Auge von Ahurmazda; in Griechenland ist sie Helios, das Auge des Zeus, in Ägypten das Auge von Ra und im Islam das Auge Allahs. Der Sonnenkult ist oft eine in sich geschlossene Religion, wie z. B. zur Zeit des Pharao Echnaton. Im Vergleich zum Mond, der „zerstückelt" wird, um dann für drei Tage ganz zu verschwinden, ist die Sonne unbesiegbar und unwandelbar. Sie stirbt auch nicht auf dem Weg in die Unterwelt, sondern kann die Wasser überqueren, ohne sich aufzulösen; deshalb bedeutet der „Tod" der Sonne immer ihre Wiedergeburt. Sie wurde verehrt als Symbol des All-Einen und der Ganzheit des Menschen. Das Opfer, das ihr, als Quell des Lebens, dargebracht wurde, um mit ihr eins zu werden, bestand aus Gaben an sie oder auch im Akt der Selbsthingabe des Menschen. (14 Weibliche Figur, die göttliche Macht anrufend, Terrakotta, bemalt, Ägypten, ca. 4000 v. Chr.; 15Echnaton und Nofretete, der Sonne opfernd, Relief aus dem Großen Palast, Tel-el-Amarna, 14. Jh. v. Chr.)

16 Nach einer Legende wurde die große, leuchtende, den Himmel überstrahlende Göttin Amaterasu Omikami eines Tages durch ihren Bruder, den Windgott Susano Ono Mikoto, so gekränkt, daß sie sich in eine Höhle zurückzog. Da wurde es Nacht am Himmel und auf der Erde. Um die Göttin aus ihrem Versteck herauszulocken, versammelten sich acht Millionen himmlische Geister vor ihrer Höhle, stellten dort mit Juwelen behangene Bäume auf, zündeten Feuer an und tanzten. Die Göttin Uzume vollführte einen besonders wilden Tanz, worauf die Himmlischen in solch schallendes Gelächter ausbrachen, daß Amaterasu voll Neugier durch einen Spalt ihres Versteckes hervorlugte. Da hielten ihr die Götter einen Spiegel vor, und die Göttin, angezogen von ihrem eigenen reflektierten Bildnis, trat hervor und ließ so wieder ihr Licht über der Welt leuchten. (Die Sonnengöttin Amaterasu, aus ihrer Höhle hervortretend, farbiger Holzschnitt von Utagawa Kunisada, Japan, 1857.)

岩戸神楽ノ起顕
豊国画

17 Auf einer Lotosblüte sitzend, als Symbol höchster Verwirklichung, vereint die Gottheit ihre zahllosen Attribute im Zentrum ihres Seins. (Statue der Kan-non mit tausend Armen, lackiertes Holz, Nara, Kuzui Dera, Japan, spätes 18. Jh.)

18 Xochipilli, der junge mexikanische Gott der Blumen, des Tanzes, der Musik und der Liebe, ist einer von dreizehn Göttern, die über die Stunden des Tages herrschten. (Steinskulptur, Tlalmanalco, Mexiko, aztekisch, 14.–15. Jh.)

19, 20 Die Inkarnation der Gottheit in der Materie und die Auflösung der Form, um den Geist freizugeben, wird als ein Kreislauf erlebt, als Teil eines zeitlosen Tanzes um die Wahrheit. Die engelhaften Wesen offenbaren den Plan Gottes und lassen die Musik der Sphären hörbar werden. Ihr Erscheinen ist immer von Licht und Musik begleitet. Ihre Arbeit ist die Lobpreisung Gottes, die Bejahung des Heiligen; für den Menschen ist dies gleichbedeutend mit totaler Selbst-Aufgabe. Die Engel sind deshalb dem Menschen Vorbild und Führung. (19 Geburt des Herrn, Gemälde von Sandro Botticelli, 1500; 20 Erlöste Seelen im Tanz mit Engeln im Paradies, Gemälde von Fra Angelico, ca. 1430–1440.)

21, 22 Die Stille und der Ton sind beide Ausdruck des göttlichen Mysteriums. Die Substanz des Kosmos ist reiner Klang und wird dadurch unhörbar, daß die nach außen hin sich immer mehr verdichtenden Schichten der Materie ihn verschleiern. Für die Menschen des Altertums war die Musik eine der mächtigsten Formen der

Magie. Die Umsetzung des Tones der Schöpfung in Klang bedeutete Meisterschaft über Leben und Tod. So war sakrale Musik immer bestrebt, mit dem Schöpfungston zu harmonieren. (21 Orpheus beschwört die Tiere, Mosaikfußboden, römisch; 22 Krischna spielt mit den Tieren, indische Miniatur, Haiderabad, ca. 1770.)

23 Das Maß für die Beziehung des Menschen mit der Gottheit ist seine Erkenntniskraft und Anteilnahme am göttlichen Mysterium. Die Haupttat der heldischen Halbgötter bestand darin, den Schatz aus der Tiefe für das Gemeinwohl der Menschen zu gewinnen, indem sie die Hüter der Schwelle zur Unterwelt besiegten. Psychologisch gesehen sind es Begegnungen mit Aspekten vom eigenen Selbst des Helden. (Herkules im Kampf mit Triton, dem Sohn des Poseidon, mit Tanz der Nereiden. Inneres eines Bechers, Terrakotta, bemalt, griechisch, 6. Jh. v. Chr.)

24 Das Erwachen des Menschen wird bewirkt durch das Mysterium der Liebe. Die *unio mystica* vollzieht sich im Stillen und in der Tiefe der Nacht. Eine der vielen Manifestationsformen des göttlichen Krischna ist die des himmlischen Tänzers. Nach einer Legende ist er der auserwählte Geliebte der Kuhhirtinnen, die sich einst während einer Vollmondnacht zum Kreistanz um ihn versammelten. Die Kette ist Symbol für die Einheit von Himmel und Erde. (Krischna tanzt mit den Gopis. Besticktes Musselintuch, das die Hochzeitsgaben bedeckte, Nordindien, 18. Jh.)

25 Viele niedere Gottheiten des himmlischen Pantheons hatten eine magische Funktion. So war es die Aufgabe des ägyptischen Gottes des Spiels, des zwergenhaften Bes, Traurigkeit zu vertreiben, böse Geister zu bannen und Freude zu bringen. (Tanzender Bes, Stuhllehne des Sitamun, Grabmal von Yuia und Thuin, Ägypten, ca. 1400 v. Chr.)

26 Kali, hinduistische Göttin der Zeit, regiert über die Mysterien der Verwandlung durch den Tod. Ihr alles verschlingender Leib ist ein unendlicher, nie zu füllender leerer Raum, der auch gleichzeitig alle Lebensformen hervorbringt. Das Mysterium der Verwandlung geschieht durch die Weihe des Blutes enthaupteter Opfer, das durch die Jahrtausende als nicht-endender Strom zu seinem göttlichen Ursprung zurückfließt. Unfreiheit und Erlösung sind beides Aspekte ihrer Macht. Als Göttliche Mutter sammelt Kali bei der Zerstörung des Universums am Ende eines großen Weltenzyklus die Samen, die in einer neuen Zeit gesät werden sollen, wenn sie wieder die Erscheinungswelt hervorbringt und mit ihrem Sein erfüllt. (Kali, zeitgenössische Darstellung, Gouache auf Leinwand, Madhubani, Bihar.)

27 Die Mysterienkulte des klassischen Altertums suchten die Verbindung zwischen der Welt der Götter und der Menschen herzustellen. Die ägyptische Göttin Isis, Tochter von Geb (Erde) und Nut (Himmel), war durch ihre Vereinigung mit Osiris auch Herrin über die Mysterien des Todes; ihre Macht war unendlich, und ihr Kult breitete sich über alle römischen Provinzen aus, wo zahllose Heiligtümer ihr zu Ehren errichtet wurden. In den Verwandlungsritualen hellenistischer Prägung war Isis die Zentralfigur. (Zeremonie des Kultes der Isis, Wandgemälde, Pompeji, vor 79 n. Chr.)

28 Die Laren, einst römische Feldgottheiten, wurden später als Hausgottheiten in einem speziellen Schrein, dem Lararium, verehrt. Sie wurden meist zu zweit dargestellt, als jugendliche Figuren, mit Becher und Trinkhorn rechts und links der Vesta, der Göttin des Herdes. Ihnen zu Ehren wurden regelmäßige Gebete und Opfergaben dargebracht und Tänze und Spiele aufgeführt, wobei sie mit Girlanden geschmückt wurden. (Lararium, Wandgemälde, Pompeji, vor 79 n. Chr.)

29 Unterdrückte Götter werden oft zu negativen Kräften im Ablösungsprozeß der älteren Anbetungsform durch die neue Religion, wobei die alten Götter in den Bereich des Dämonischen verwiesen werden. So unterdrückte die christliche Kirche einheimische heidnische Riten als im Pakt mit dem Teufel stehend, dem alle dunklen, dem Menschen unerklärlichen Aspekte der Schöpfung zugeordnet wurden. Riten dieser Art haben sich jedoch bis in die heutige Zeit erhalten. Der Hexenkult beispielsweise verehrte die Götter in Tierform als Naturgeister in Berggegenden und Waldlichtungen. Die Hauptfeierlichkeiten begannen abends und endeten mit Sonnenaufgang. (Hexensabbat auf dem Brocken, Kupferstich, Deutschland, 17. Jh.)

30 Der visionäre Impuls ist die stärkste Kraft für die menschliche Motivation und Suche; seine Erfüllung aber fordert den Tod des an die Persönlichkeit gebundenen Menschen, so daß der ewige Mensch geboren werden kann. Die Erfahrung der Hingabe und Vereinigung wird möglich durch eine Katharsis, wodurch die göttliche Substanz in der Materie freigesetzt wird. Das Einswerden menschlicher und göttlicher Liebe ist das Wesentliche jeder Religion. (Vereinigung der Seele mit Gott, aus *Jerusalem* von William Blake, Kupferstich, 1804–1820.)

31 Magische Handlungen als Ausdruck bewußten menschlichen Willens sind ein Versuch, aus dem Kreislauf der Vorherbestimmung auszubrechen und eine unabhängige Existenz für den Menschen zu schaffen. Zur Anrufung der göttlichen Macht haben viele Rituale das „Beten mit dem Körper" entwickelt, das zu einem einheitlichen Rhythmus von Musik und Gesang, verbunden mit rituellem Opfer, ausgeführt wird. Rituale dieser Art beruhen auf dem Prinzip allmählicher Steigerung mit einem ekstatischen, kathartischen Höhepunkt als Moment der Einswerdung mit allem Leben, wobei der Mensch bewußt eine führende Rolle übernimmt. (Woodoo-Zeremonie, Port-au-Prince, Gemälde von Gérard Valcin, ca. 1961.)

32 Alle Pflanzerkulturen waren darum bemüht, mit Hilfe des Rituals die Fruchtbarkeit der Erde zu steigern. Frühjahr und Herbst waren Zeiten dieser Feierlichkeiten mit Tänzen als imitativer Magie: Das Füßestampfen ahmte die lebensspendende Bewegung des Phallus nach, Hochspringen das Wachstum von Samen und Pflanze. (Fruchtbarkeitstanz der Wakamba, Kenia.)

WREN'S

33 Das Erlebnis des Todes ist die Wurzel allen Rituals, wobei Leben und Tod als untrennbare Einheit empfunden wurden, der Tod aber das tiefere Geheimnis des Lebens barg, da er Verwandlung bewirkt. Alle Kulturen haben, im Glauben an die Wiederauferstehung der Toten, vielfältige Totenrituale entwickelt. Die Lebenden hatten diese Vorgänge durch sorgfältige Ausführung vorgeschriebener ritueller Handlungen zu unterstützen. So halfen sie, den Kreislauf von Tod und Wiedergeburt zu schließen und die Seele auf ihrer Reise zu begleiten. (Totenbahre mit Trauernden, Amphora, geometrischer Stil, Griechenland, Mitte des 8. Jh. v. Chr.)

34 Viele Kulturen kannten die Vorstellung vom Tod als Tänzer. Verkörperungen des Toten waren wesentliches Mittel, ihn wieder zum Leben zurückzuführen. (Toter spielt die Trommel für einen Tanz verstorbener Krieger. Krug aus dem Viru-Tal, Peru, Moche-Kultur, ca. 100 v. Chr.–80 n. Chr.)

35, 36 In Krisenzeiten reagiert der Mensch auf eine transpersonale Situation auf eine un-persönliche Art und Weise. Komplizierte Grabrituale als Gedenkfeiern boten auch Schutz vor Angst und Zuflucht in die Gemeinschaft. Die Seele wird, so glaubte man, durch Schmerz und Tod göttlich. Absicht der Prozessionstänze war es, den Toten mit Musik, Gesang und Tanz zu ehren und zu unterhalten. In den ägyptischen Totenprozessionen wurden teils akrobatische Tänze zu differenzierten Rhythmen aufgeführt, begleitet von Händeklatschen und dem Schwingen von Zweigen. Vor dem Grab und der Statue des Toten hatten die Tänze für den *ka,* die Seele des Verstorbenen, jedoch einen feierlichen Charakter. Viele Totentänze sind Kettentänze, die mit verschränkten Armen um die Totenbahre vollführt wurden und das Beschützen und die Einheit von Leben und Tod symbolisieren. Die rituelle Bewegung entspricht der des Sonnenlaufs. (35 Akrobatische Tänzer, Wandgemälde, Grab des Mehu, Saqqara, Ägypten, ca. 2500–2350 v. Chr.; 36 Totentanz, Wandgemälde, Grabmal von Ruvo, Neapel, etruskisch, 4. Jh. v. Chr.)

37, 38 Die Maske trägt, ähnlich wie die Larve, zur Entpersönlichung und Identifikation mit der erwählten Gottheit bei. Tanzend ahmt der Mensch die Bewegung seines Gottes nach und wird so eins mit ihm. Als göttlicher Priester wird der Mensch zum Symbol für die Manifestation der transzendenten Macht, die durch ihn ihren Plan auf der Erde verwirklicht. (37 Tanzender Priester, Campeche, Mexiko, Tonfigur, ca. 700–1000 v. Chr.; 38 Tänzer mit Vogelmaske, Terrakotta, Nordwestküste von Mexiko, Colima-Stil, 300–1000 n. Chr.)

39 „Also brachte das ganze Israel die Lade des Bundes des Herrn hinauf mit Jauchzen, Posaunen, Drommeten und hellen Zimbeln, mit Psaltern und Harfen ... Und David tanzte mit aller Macht vor dem Herrn her und war begürtet mit einem leinernen Leibrock ... Da nun die Lade des Bundes des Herrn in die Stadt Davids kam, sah Michal, die Tochter Sauls, zum Fenster hinaus; und da sie den König David sah hüpfen und spielen, verachtete sie ihn in ihrem Herzen." (1. Chron. 15, 28; 2. Sam. 6, 14; 1. Chron. 15, 29) Der Heilige Augustinus erwähnt den Tanz Davids als „die geheimnisvolle Figuration der heiligen Harmonie aller Töne und Gesten". (Davids Tanz vor der Bundeslade, Miniatur einer *Bible Moralisé,* Frankreich, ca. 13. Jh.)

40 Das Tanzen und Anrufen Gottes im Gebet als Sich-Erinnern an den „Geliebten" hat zentrale Bedeutung in der Mystik des Islam. In einigen Derwisch-Orden war der Tanz sogar Hauptform des Gebets: „Der Tanz öffnet die Türen der Seele dem göttlichen Einfluß ... Tanzen ist gut, wenn es zur Erinnerung des Geliebten gepflegt wird; dann ist jeder flatternde Ärmel beseelt." (Sa'adi, gest. 1291) (Tanzende Derwische, Miniatur aus dem *Kamsah* von Amir Khusran, Persien, 1485.)

زیر فلک قطب زمانه هم اوست
قطب دو گویند یگانه هم اوست
رایت عصایش چو شهابی بروز
دیو کش و ملک عزازیل سوز
در نظر او ز گدا و ملوک
در شده بیجاده بسلک سلوک

41 Unterirdische Höhlen, als Schoß der Großen Göttin, in den Tiefen des Berginneren waren die frühesten heiligen Orte. Der Tanz, als rituelle Verwandlungsfeier, machte von Masken Gebrauch, um den Transformationsprozeß des Tänzers in den Gott zu verbergen, doch gleichzeitig auch, um ihn zu unterstützen. (Maskierte Figuren in einem Kreistanz, Felsmalerei, Sefar, Tassili n' Ajjer, Algerien.)

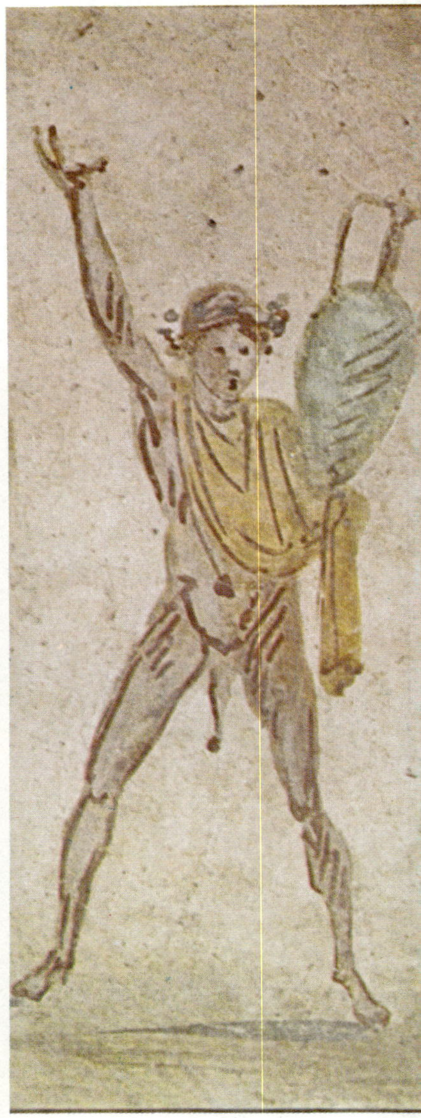

42, 43 In den dionysischen Tänzen wurde die Selbstbefreiung in der Ekstase gesucht. Dionysos-Bacchus wurde durch orgiastische Riten verehrt, die ähnlich dem Traumzustand ein Freiheitsgefühl vermitteln, das über die Begrenzung durch den Körper hinausgeht. Der Tanz spielte dabei eine entscheidende Rolle als Mittel für spontanes Ergriffensein. Ekstase und Opfer sind verwandt, indem sie den Körper als Gefäß entleeren, so daß der Gott in ihn einziehen kann – ebenso wie er auch in anderen Naturerscheinungen lebt, in Steinen, Flüssen oder Bäumen. Der dionysische heilige Wahnsinn ergriff vor allem die Frauen, die ihr Zuhause verließen und im Rausch ihrer Ekstase in verlassenen Gegenden umherstreiften. Im Gegensatz dazu ist der apollinische Kult nach der Sonne und dem klaren Bewußtsein hin ausgerichtet. Apollo wird oft dargestellt, wie er zur Lyra singt und tanzt. In Delphi wurden die Kulte des Dionysos und des Apollo vereint und die Statuen der beiden Gottheiten so aufgestellt, daß sie sich gegenüberstanden. Von dem hellsichtigen Melampus, der beide Götter gleichermaßen verehrte, wird gesagt, daß er die dionysische Bewegung dadurch bezwang, daß er die besessenen Bacchantinnen von den stärksten Jünglingen verfolgen ließ, bis sie aus den einsamen Berggegenden unter Rufen und Tanzen in die menschlichen Siedlungen zurückkehrten. (42 Jüngling und Mädchen tanzen zu Ehren Apollos. Trinkgefäß, Taranto, ca. 410 v. Chr.; 43 Bacchantischer Tanz, Wandgemälde, Villa Pamphilii, Rom, 1. Jh. n. Chr.)

45 Die Götter in ihren verschiedenen Erscheinungsformen beherrschen das Leben des Menschen. Auch Krankheit und Tod werden übermenschlichen Mächten zugeschrieben, gegen die lebensspendende, wohlwollende Mächte anzurufen sind. Für Menschen, die an einer Krankheit oder einer psychischen Störung leiden, werden exorzistische Riten ausgeführt. (Tanz der Boota, Süd-Kanara, Mysore, Indien.)

44 Oft waren ausschließlich Frauen für die den Jahreszeiten gewidmeten Riten zuständig, wie dies auch heute noch bei diesem Tanz der Brauch ist, wenn die Frauen den Frühling mit Gesang und Musik willkommen heißen. (Frühlingstanz der Santalen, Nordost-Indien.)

46 Es war die Aufgabe des Schamanen, zwischen den Stammesangehörigen und der Geisterwelt zu vermitteln. Er war das vom Urahnen selbst auserwählte Medium der geistigen Schau und des Heilens. Beide Funktionen, die des Priesters und die des Heilers, waren für den Stamm lebenswichtig. Die Begegnung des Schamanen mit guten und bösen Geistern wurde oft in sehr dramatischer Form tänzerisch dargestellt. (Schamane mit Geistern tanzend, Miniatur aus dem *Fatik-Album* des Ustat Mehmed Siyal Kalem, Türkei, 15. Jh.)

48 Das religiöse Tanzritual mit seinem zentralen Anliegen der Gottesbegegnung wurde mit der Zeit von dem riesigen Erbe der Volksbräuche assimiliert. Der Lebensbaum, der als Weltenachse Himmel und Erde verbindet und Weg des Aufstiegs für den Schamanen auf seiner Reise zum Urahnen des Stammes ist, lebt weiter als Maibaum. Oft reich geschmückt, bildet er den Mittelpunkt für den jährlichen Frühjahrsrundtanz der Dorfbewohner; heute ist dieser Brauch inzwischen säkularisiert als Frühlingsfest allgemeiner Art. (Mai-Tanz, Gemälde von Pieter Brueghel dem Jüngeren, 1643.)

47 Bei dem altgriechischen Wein- und Erntedankfest, dem *haloa,* wurde den Göttern der Erde und der Vegetation mit Tänzen gehuldigt. Der Rausch des Weines wurde als die Epiphanie der Gottheit gefeiert, wodurch der Mensch für einen Augenblick an dem Seinszustand des Gottes teilhat. (Tanz beim Weinfest, Terrakotta-Relief, Myrene, Kleinasien, römisch.)

49, 50 Die Einweihung in das Geheimwissen der Gemeinschaft, als deren Einsicht in die Gesetze der Schöpfung, ist für den Neophyten im wesentlichen eine Todeserfahrung und Wiedergeburt. Die Weihezeremonien während der entscheidenden Stadien von Geburt, Pubertät, Hochzeit und Tod bewirken beim Initianden vertieftes Erleben und Bewußtseinserweiterung. Die Hüter der Schwelle prüfen den Einzuweihenden, bevor er vollwertiges Mitglied der Gemeinschaft werden kann. In den hellenistischen Mysterienkulten ging der Einweihung eine Erfahrung des Dunkels und der Verunsicherung voraus. Initiation ist symbolische Handlung auf dem Weg der Selbstwerdung und des Freiwerdens der göttlichen Substanz im eigenen Inneren. (49 Pubertätsweihetanz der Karaja, Brasilien; 50 Initiationsritus, Wandgemälde, Haus der Mysterien, Pompeji, ca. 50 n. Chr.)

51, 52 Der Mensch, der das Tanzen von den Tieren lernte, ahmte ihre Rufe und Bewegungen nach, um der verehrten Gottheit gleich zu sein, die er als in ihnen präsent erlebte. Während des Paarungstanzes erheben die Kraniche ihre Flügel, ziehen die Beine hoch, lassen den Kopf auf die Brust fallen und erheben ihn wieder; dabei bewegen sie sich im Kreise. Ihre Bewegungen begleiten sie mit rhythmisch unregelmäßigen, fast melodischen Lauten und Rufen. (51 Tanzende Kraniche; 52 Junge Mädchen der Watussi tanzen den Tanz der Kraniche, Zaïre.)

54 Innerhalb des Tempelhofes versammeln sich nachts die Männer in Reihen um eine brennende Fackel für den Ketjak- oder Affentrance-Tanz. Dies ist in der Hauptsache ein exorzistischer Ritus, der auf der Geschichte des Epos *Ramayana* beruht. Der Sprechgesang und die Bewegungen erzeugen eine intensive Atmosphäre, die das Böse bannen soll. Während des Höhepunktes kauert der Männerchor im Halbkreis um den Anführer, während die Dämonen der Nacht mit kräftigen Rufen und wilden Bewegungen vertrieben werden; dann wird alles still, und die Tanzenden gehen schweigend in die Nacht hinaus. (Affentrance-Tanz, Bali.)

53 Gedächtnisfeiern für den Stammes-Urahnen wurden immer von Tanz um das Symbol seiner Präsenz, den Totempfahl, begleitet, wie dies besonders typisch für die Indianer Nordamerikas war. (Aquarell von John White, Virginia, 1585–1593.)

55 Im mittelalterlichen Europa zogen während öffentlicher Feste, besonders zur Weihnachtszeit, Gruppen maskierter und verkleideter Männer und Frauen in Prozessionen durch die Straßen und musizierten und sangen vor den Häusern, wo die Festlichkeiten im Gange waren. Der Mummenschanz, möglicherweise auf die römischen Maskeraden während der Saturnalien zurückgehend, zeigt, wie religiöses Ritual in allgemeines Brauchtum übergeht und schließlich zur Volksbelustigung wird. (Maskentänzer, Miniatur aus dem *Roman de Fauvel,* Frankreich, 14. Jh.)

56 Als kosmisches Geschehen ist der Krieg die Auseinandersetzung zwischen Licht und Dunkel, Gut und Böse; er ist auch ein Mittel dafür, um die ursprüngliche, vom Schöpfer gewollte Ordnung wiederherzustellen. Der Vorgang ist gleichbedeutend mit dem Opfer der Vielfalt, um Einheit zu erlangen. Dies wird erleichtert durch rituelle Orientierung, wobei das irdische Zentrum zum symbolisch visualisierten Zentrum des Kosmos wird. (Kriegstanz der „Schlamm-Männer", Goroka, Papua, Neu-Guinea.)

57 Im rituellen Kriegstanz hat der Krieger das heilige Zentrum gegen die chaotischen Kräfte von außen zu schützen, die das harmonische Gleichgewicht bedrohen. In der sakralen Tradition des Islam ist der Krieg zwischen den Menschen der „Kleine Krieg" im Vergleich zum „Großen Heiligen Krieg" zur Erlösung des Menschen von seinen inneren Feinden. (Kriegertanz, Neu-Guinea.)

58 Im Kampf um die Aufrechterhaltung des *dharma,* der göttlichen Ordnung, die das Universum erhält, hat der inkarnierte Gott Krischna die Rolle des Wagenlenkers seines Schülers Arjuna übernommen, der durch das Realisieren der göttlichen Wahrheit befähigt ist, allgemeingültige Ziele anzustreben, ohne dabei an persönlichen Erfolg zu denken. (Krischna und Arjuna fahren in die Schlacht von Kurukshetra. Episode aus dem hinduistischen Epos *Mahabharata.*)

59 Die Sonne, Quelle des Lebens, steht im Mittelpunkt vieler Tanzrituale; auch wird sie oft mit dem Lebensbaum in Zusammenhang gebracht, dessen Krone oder Frucht sie bildet. Durch die Umkreisung des Sonnenpfahls, mit dem Sonnensymbol an seiner Spitze, gab der Gläubige seine magische Unterstützung für ihre Reise. Die Hauptzeiten der Sonnenanbetung waren die Sonnwendzeiten und die beiden Tag- und Nachtgleichen. (Dakota-Sonnentanz, Aquarell auf Papier von Short Bull, Häuptling der Oglala, Dakota und Sioux, ca. 1930.)

60 Jedes Hochzeitsritual ist letztlich symbolisch für die lebenserneuernde Vereinigung von Himmel und Erde. Die Konjunktion der Gegensätze garantiert Fruchtbarkeit und langes Leben. In vielen Zeremonien sind Mann und Frau als König und Königin gekleidet und tragen Kronen als Symbol der Vereinigung. (Zulu-Hochzeitstanz, Südafrika.)

61 Der Lebensbaum als Weltenachse verbindet das Oben mit dem Unten und ist zeitloses Symbol für die All-Einheit des Lebens. Als Zentrum des Kreistanzes der Schöpfung verspricht er Unsterblichkeit. (Wunscherfüllender Baum, Gouache auf Leinwand, Tibet, 18. Jh.)

Themen

1

2

Der sakrale Raum

Immer hat der Mensch den Raum um sich als eine Epiphanie des Göttlichen erlebt, in dem die kreisenden Äone das Leben und Sterben des Kosmos vorzeichnen. Das Symbol des all-sehenden, allwissenden Gottes ist der leuchtende Sternenhimmel, an dem die Konstellationen der Planeten im Zodiakus das Schicksal der Welt und des Menschen anzeigen. Die Babylonier glaubten, daß der Zodiakus einen Rundtanz als Harmonie der Sphären tanzt, was sich in der göttlichen Ordnung des Jahresablaufs und der Verwandlungsprozesse auf der Erde widerspiegelt (1). Nach christlicher Vorstellung ist es der Logos, umgeben von einer Schar von Engelwesen, der die Welt erschafft: „Am Anfang war das Wort, und das Wort war bei Gott, und das Wort war Gott" (2). Der Raum entfaltet unzählbare Aspekte des Göttlichen, die dann als selbständige Gottheiten verehrt werden (3). Die Aufteilung des Raumes erfolgt durch den Ablauf der Zeit, ablesbar an der Bewegung der Planeten, die den Wechsel der Jahreszeiten, das Wachstum und Wiedervergehen des organischen Lebens und die Lebensalter des Menschen bestimmt (4). Der Mensch ist eingefügt in das Zeitgeschehen im Raum, wodurch er an allen kosmischen Ereignissen innerlich wie äußerlich teilhat. Die Menschheit als Ganzes hat dieselben Antriebe für Imagination und Handlung, die allmählich in ritueller Andacht Gestalt annehmen – Antwort auf die Manifestation göttlicher Macht.

Die ältesten bekannten Heiligtümer sind die megalithischen Konstruktionen, deren Formation auf der Bewegung der Planeten beruht (5). Der Sakralraum ist die Ebene zwischen Kosmos, dem vom Menschen als Struktur wahrgenommenen Raum, und Chaos, der ungeformten, unbekannten Leere; er wird zum Ort, wo der Mensch dem Göttlichen wiederholt begegnet. Immer ist er in ein

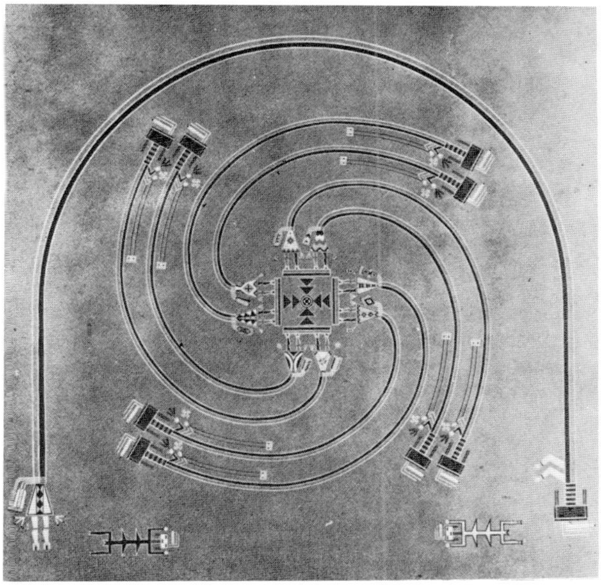

3

4

inneres Heiligtum und in eine äußere Tempelregion aufgeteilt; seine Strukturen gründen auf den Vorstellungen verschiedener Orientierungsebenen, die sich auf einen zentralen Punkt mit dessen Radien und Peripherie beziehen. Die Spirale, als schematische Darstellung der Entwicklung des Universums, zeichnet die Bewegung von der Einheit, als dem zentralen Punkt im Kreis, zur Vielfalt hin auf, die durch den äußeren Kreis angedeutet ist. Eines ihrer symbolischen Attribute ist die Dynamik, wie sie sich in der Ausdehnung der Sternennebel oder der Zentripetalkraft der Wasserstrudel manifestiert. Die frühesten Raumsymbole sind sehr einfach, später werden

1 Modell des Sonnensystems.
2 Engel tragen die Schriftenrolle des Himmels. (Fresko, Erlöserkirche, Kariye Çamii, Istanbul, ca. 1310.)
3 Darstellung der wirbelnden Regenbogen. (Sandmalerei der Indianer Nordamerikas.)
4 Kosmisches Diagramm des Weltenberges als Weltzentrum, vom kosmischen Ozean, den vier Weltgegenden und magischen Symbolen umgeben. (Rückseite eines Spiegels, Bronze, T'ang-Dynastie, 713–42 n. Chr., Art Museum, Seattle.)
5 Steinkreis, am Sonnenlauf orientiert. (Arbor Low, England.)

5

6

sie mit immer mehr Sinngehalt angefüllt. Die ältesten rituellen Raumformen sind die Spirale und der Kreis. Wellenlinien, innerhalb konzentrischer Kreise, die sich zu komplexeren Spiralmustern entwickeln, drücken eine Suche aus, der Kreis selbst enthält Vorstellungen des Ein- und Ausschließens, des Herausgebens und Empfangens. Als Sinnbild des Mysteriums beschützt das Labyrinth das heilige Zentrum, andererseits bietet es – als Symbol erschwerten Vordringens bis in Allerheiligste – Einweihung dem, der sich auf seine gewundenen Pfade wagte. Viele Initiationstempel späterer Kulturen, wie in Ägypten, besonders aber in Griechenland und der hellenistischen Welt, waren innen spiralförmig konstruiert. Die frühesten Tanzmuster, die überdies Ausdruck ekstatischer Zustände sind, stehen in enger Verbindung mit dieser Raumform. Rund- und Wirbeltänze sind, wegen ihrer konstanten Mittelpunktsbezogenheit und der Schaffung eines inneren leeren Raumes im Tänzer, die reinsten Formen getanzter Gottesverehrung. In der sakralen Zeit, wie sie im Tanz erlebt wird, verschwinden die Begrenzungen chronologischer Zeitordnung, und die Zurückführung zum zeitlosen Ursprung, identisch mit dem Zentrum, beginnt – Modell jeder Entwicklung. Sakrale Zeit verbindet so das persönliche Schicksal mit der Transzendenz. Ein Beispiel für diese Tanzformen sind die griechischen *emmeleia,* Chorreigen, die von einem Chorführer angeführt werden und Kreise, Spiralen, Schlangenlinien, Doppelkreise und Ketten bilden. Die enge Verbundenheit aller Tänzer miteinander durch Händehalten oder Einhaken zwingt sie zur Gemeinsamkeit in Rhythmus und Schrittfolgen (6–8).

Das Quadrat, als Symbol der Erde, wird in Prozessionstänzen vom Gläubigen umkreist als Sinnbild für die Vereinigung des Gegensätzlichen (9). Der Weg, der zum Sakralraum führt, ist heilig; ihn entlang zieht die rituelle Prozession singend und musizierend als Vorbereitung auf die heilige Handlung im Tempelinneren (10). Das rituelle Pflügen der ersten Furche ist ein altes, alljährliches Ritual, welches das Öffnen der Erde und das Eindringen in sie zu ihrer Furchtbarmachung symbolisiert. Die Werkzeuge, die während des Rituals benutzt wurden, galten als heilig, als mit magischen Kräften begabt (11).

7

8

9

10

6 Offener Kreistanz mit Lyraspieler. (Terrakotta, bemalt, Palaikastro, Kreta, späte minoische Zeit, 1400–1100 v. Chr., Heraklion-Museum.)
7 Rundtanz mit Musiker in der Mitte. (Terrakotta, böotisch, 6. Jh. v. Chr., Kestner-Museum, Hannover.)
8 Rundtanz. (Andonara, Celebes.)
9 „Die Ka'aba wird licht dadurch, daß sie umschritten wird, während die anderen Häuser im Dunkel bleiben ... Und derjenige (der die Ka'aba umschreitet), sollte sein während dieses Ritus wie die Engel, die den Thron Gottes umkreisen" (der Sufi Futuhat). (Mohammedaner, die Ka'aba umkreisend, Mekka, Kupferstich, 1803, Britisches Museum, London.)
10 Prozession mit Musikern und Darstellung der Götter. (Zeichnung nach einer Wandmalerei, Maya, Bonampak, Mexiko, ca. 700 n. Chr., Peabody Museum, Harvard University.)
11 Das Pflügen der ersten Furche. (Römisches Relief, Museo Archeologico, Aquileia.)

11

Das Zentrum birgt den neugeborenen Gott, und es ist Aufgabe des priesterlichen Kriegers, sein Leben vor Vernichtung oder Zerstückelung zu schützen (15). Im alten Griechenland hießen die Feldherren „Haupttänzer"; dazu kommentiert Sokrates: „Die Männer, die am besten tanzen, sind die besten Krieger", und Lucian sagt über die Kriegsbräuche in Thessalien: „Wenn der Aulos das Signal für den Angriff gegeben hatte, wurden die Bewegungen der Krieger von Musik und Rhythmus bestimmt. Und wahrlich, durch ihre Anordnung nach Musik haben sie sich so ausgezeichnet, daß sie besser waren im Kampf als jegliche anderen." (13).

Der sakrale Bezirk ist eine *imago mundi,* wo nach Dante „alle Orte und Zeiten aufeinandertreffen"; er brauchte den Schutz gegen die von außen her drohenden Mächte des Chaos, was rituell oft nachvollzogen wurde als Kampf zwischen den kosmischen Mächten des Lichtes und der Finsternis (14). Die priesterlichen Krieger zogen in den Kampf, um im Namen ihres Gottes zu streiten. Dabei wird der Feind der Nation oder des Stammes immer als der Feind des von ihnen erwählten Gottes angesehen. Mit Rundtänzen im Marschschritt wird ein magischer Kreis um das Heiligtum gezogen, so daß von innen nichts nach außen dringen kann und umgekehrt (16). Während der jährlichen Festriten zu Ehren des Mars im alten Rom veranstaltete die Priesterkaste der *Salii* eine bewaffnete Prozession. Unter Anführung ihres Vortänzers, des *praesul,* führten sie komplizierte, verschlungene Bewegungen aus zu einem Dreierschritt, dabei stampften sie jedesmal kräftig mit den Füßen auf und schlugen ihre Schilder und Lanzen aneinander. Während sie ihren Tanz mit

12

13

14

15

12 Tanz der Korybanten. (Griechisches Relief, Vatikan-Museum.)
13 Griechische Phalanx, von einem Aulosspieler in die Schlacht geführt. (Oenochoe, Terrakotta, bemalt, Korinth, spätes 7. Jh. v. Chr., Villa Giulia, Rom.)
14 Stocktänzer, die den Mond und die Sonne darstellen. (Java.)
15 Koureten mit ihrem Pyrrhos-Tanz beschützen das Zeus-Kind vor der Verfolgung des Chronos (Saturn). Von Kreta verbreitete sich der Pyrrhos-Tanz bis Sparta und andere griechische Provinzen aus. (Relief, Louvre, Paris.)
16 Rundtanz von dreizehn Soldaten. (Bemalte Terrakotta-Tasse, Athen, ca. 775–750 v. Chr., Antikensammlungen, München.)

16

17

einer altüberlieferten Litanei begleiteten, machten sie halt vor allen Altären und Tempeln der Stadt. Wie die Krieger sich erst ihrem Gott weihten, ehe sie in die Schlacht zogen, so waren auch die Tänzer im Tempelinneren der Gottheit geweiht.

Tanzend wurde die Beziehung des Menschen zu seinem Gott neu geschaffen und präzisiert. Im Ritual zu Ehren der Jahreszeiten machte sich der Tänzer jeweils eine neue Phase des Jahres bewußt und vollzog so immer wieder von neuem das Einschwingen in den Rhythmus, der das Geschehen am Himmel und auf der Erde vereint; auf diese Weise verwirklichte er durch den Tanz mit seinem Körper die im traumähnlichen Bewußtsein erlebten Wahrnehmungen.

In frühchristlicher Zeit feierte man mit Musik und Tanz das Osterritual als Wiedergeburt des Sonnen-Erlösers: „Bete zu Christus und rufe ihn an, daß du dein Leben in ihm leben mögest, daß durch das Osterritual du mögest erweckt werden und mögest herauskommen aus dem Labyrinth.“ (Inschrift eines Labyrinthmusters aus Stein im Museum zu Lyons, S. 18, 19). Im gnostischen „Reigen Jesu“ wird der Tanz als Medium der Bejahung des Geschaffenen und der Anbetung des Schöpfers gefeiert: „Alles tanzt... Wer nicht tanzt, weiß nicht um das Mysterium... Du sollst einsichtig werden, und wenn du einsichtig geworden bist, sage mit mir: Ehre sei Dir, Vater! Amen.“

17 Inneres der Hagia Sophia, Istanbul. (Lithographie aus G. Fossatis *Aya Sofia, Constantinople, as recently restored,* 1852.)
18 Labyrinth in der Kathedrale von Chartres. (Zeichnung aus J. Gailhabauds *L'Architecture du Ve au XVIIe siècle,* 1858.)
19 Labyrinth in der Kathedrale von Reims. (Zeichnung, Bibliothèque Nationale, Paris.)

18

19

20

Ritus und Gestik

Die Begegnung mit dem Göttlichen ist die Basis aller menschlichen religiösen Erfahrung. In seinen Ritualen, als Ausdruck seiner Gottesbeziehung, formuliert der Mensch seine tiefverwurzelten Ängste, Hoffnungen und Einsichten, die auf außermenschliche Phänomene bezogen sind. Der rituelle Tanz war ursprünglich einfach gemimte Reaktion auf die den Menschen bewegenden Erlebnisse und Nachahmung von in Naturvorgängen beobachteten Bewegungen. Später erst entwickelt er sich zum rituellen Drama mit Erzählungen vom mythischen Ursprung des Universums, der Götter und des Menschen. Die Bewegungssprache ritueller Gestik ist allgemeinmenschlich und spiegelt menschliches Erleben in seiner Ganzheit wider. Die am meisten überwältigenden Erfahrungen der Gottesfurcht, der Hingabe und Ekstase werden transzendiert in der Erfahrung des Zentrums, wo jeder Bewegungsimpuls zur Ruhe kommt und jeder Ausdruck aufhört. Rituelle Gestik vereint spontane Bewegung mit traditionell festgelegter Gestik, die jedes Detail vorschreibt. Ebenso wie Erfahrungen von unterschiedlicher Intensität und Qualität sind, so ist auch die Anwendung des rituellen Bewegungsvokabulars unendlich variabel. Rituale orientieren sich nicht an chronologischen Zeitabläufen. Deshalb sind sie allgemein-

20 Javanische Priesterinnen beim Gebet an der Südküste der Insel Hateruma (Japan).
21 Mohammedaner beim Gebet.

21

gültig. Im wesentlichen enthalten sie Darbringungen von Lobpreisungen an die Gottheit und sind so eine Bejahung der Schöpfung in ihrem essentiellen So-Sein.

Für die Überlieferung des Rituals ist das Gedächtnis der einzig wichtige Faktor, und alle rituellen Andachten sind Erinnerungsfest der Gottheit und ihrer Existenz in einem trans-historischen Ursprung. In dem Bemühen, das Schicksal seines Gottes zu teilen und seine Attribute für sich zu gewinnen, versucht der Gläubige vor allem, ihm gleich zu werden, seine Wünsche zu erraten, seinen Geboten zu gehorchen und seine Wesensmerkmale nachzuahmen. Dies bedeutet gleichzeitig die Verwandlung des Menschen und die Überwindung seiner selbst.

Rituelle Gestik ist eine Form von imitativer Magie, um die göttliche Macht weiterzuleiten und durch den Ausführenden anzuziehen. Welche spezifische Bedeutung Gesten innerhalb eines Rituals auch haben mögen, immer ist es ihre Funktion, psychische Energie freizusetzen und zu verwandeln. Wenn Gestik mit im Tanz verwendet wird, erhält sie einen besonderen Akzent durch Musik und Rhythmus.

Rituellen Handlungen geht oft eine längere geheime Vorbereitung des Ausübenden voraus, die Waschungen, Enthaltsamkeit von bestimmten Speisen, Getränken und sexuellem Verkehr, Zurückgezogenheit und intensive Gebete einschließt. Während der rituellen Andacht wird der Körper zum Gefäß für die göttliche Macht, die von ihm Besitz ergreift, sich durch ihn offenbart und ihn verwandelt. Ritueller Tanz ist somit ein Medium für die Darstellung der geistigen Dimension, wobei der naturhafte Mensch durch die Einbeziehung in den Ritus zum Kulturträger wird. Der organisierte Ritus hat das zentrale Anliegen, den Kontakt des Individuums und der Gruppe mit dem Göttlichen durch gezielte Methoden aufrechtzuerhalten.

22

22 Muslime beim Gebet in sakraler Umfriedung (Ägypten).

23 Figur mit zur Anbetung erhobenen Armen. (Terrakotta, ägyptisch, vordynastisch, Übersee-Museum, Bremen.)
24 Zeremonie australischer Ureinwohner am Flußlauf des Umbakumba. (Zeichnung auf Baumrinde, Australien.)

23

24

25

25 Die Zeiten für rituelle Handlungen waren als besonders günstig für die göttliche Offenbarung festgelegt. (Männer des Hapaee-Stammes während eines nächtlichen Rituals, Kupferstich von W. Sharp nach J. Webber, *The Voyages of Captain Cook,* 1777.)

26 Das Bestreben der Sekte der Shaker war es, den Geist zu befreien von der trägen Materie, die ihn fesselt. (Shaker in der Nähe von Lebanon, Lithographie von N. Currier, The Harry T. Peters Collection, Museum of the City of New York.)

26

27

28

29

Erst sehr viel später, in den gestifteten Weltreligionen, tritt der Tanz als Gottesverehrung in den Hintergrund und gibt dem gesprochenen Wort den Vorrang. In allen Gebetshaltungen ist der Mensch, indem er sein eigenes Ich transzendiert, auf unpersönliche Weise anwesend; dabei sind die ausdrucksvollsten Bewegungen die des Anrufens und Beschwörens der Gottheit, damit sich diese offenbart (20–28, 30, 31); von ähnlicher Intensität sind die Gesten der Freude und Danksagung (29, 32, 33). Den Mittelpunkt des Ritus bildet die göttliche Begegnung selbst als großes Mysterium.

30

27 Sakraltanz, vermutlich mit Herabstieg der Gottheit in der Mitte. (Bezel eines goldenen Siegelringes, Isopata, Nähe Knossos, ca. 1500 v. Chr., Heraklion-Museum, Kreta.)
28 Anrufung der Göttin Kali durch einen sie verkörpernden Priester in einem den Bhagavatis, den weiblichen Aspekten des Göttlichen, geweihten Tempel (Kerala, Indien.)
29 Erntedankprozession. (Ausschnitt eines Erntegefäßes, Palast von Hagia Triada, Kreta, ca. 1550–1500 v. Chr., Heraklion-Museum, Kreta.)
30 Rituelle Gesten kostümierter Teufelstänzer (Sri Lanka).

31

32

31 Ritueller Tanz zweier Mädchen. (Metope aus dem Tempel der Hera, Paestum, spätes 4. Jh. v. Chr., Museum von Paestum.)
32 Tänzer vor einem Opferaltar. Traditionelle Zeremonie zu Beginn einer Aufführung des Baris Poleng (Pagoeten, Bali).
33 Durga-Puja, in einem Tempel durchgeführt zu Ehren des Sieges der Göttin über den Riesen Doorg. (Aquarell von Sewak Ram, Indien, ca. 1807.)

33

Das Tier als Urahn

Für den Menschen der Frühzeit war das Universum angefüllt mit göttlicher Potenz, die er ganz konkret erlebte; alles war belebt und zeigte sich ihm wohlwollend oder gefährlich. Diese göttliche Macht, das Leben aller Dinge, war ihm immer gegenwärtig als das „Große Unbekannte", das er sich in göttlicher und dämonischer Verkörperung vorstellte. Durch die göttliche Kraft waren alle Naturerscheinungen miteinander verbunden, ein Teil konnte sie in ihrer Ganzheit darstellen, wie auch jeder einzelne göttliche Aspekt die Gottheit als solche repräsentierte.

Durch das Bewußtsein, von geheimnisvollen Mächten umgeben zu sein, wurde der Mensch dazu veranlaßt, sich zu äußern, nachzuahmen und selbst schöpferisch zu sein. So sah er seine Aufgabe darin, die Mächte zu beschwichtigen, sie zu beeinflussen, ihnen aber auch – als dem Größeren, Stärkeren – zu dienen und sie zu verehren.

In allen Jägerkulturen wurde der Urahne des Stammes mit einem spezifischen Tier als dem Totem identifiziert – zumeist das, welcher der Stamm jagte und das Träger aller Naturkräfte war. Im Ritualtanz wurden das Schicksal und die Attribute dieses Tier-Gottes dargestellt (35, 37). Vorgeschichtliche Höhlenmalereien zeigen den Menschen, wie er mit Tierhäuten und Masken tanzt; auf diese Weise veranschaulichte er die Kraft des Tieres, verfolgte es als Beute und beschwichtigte seinen Geist, wenn er es getötet hatte (34, 36). Überreste dieser alten Bräuche sind noch in den Zeremonien der nordamerikanischen Indianer, der Eskimos und der sibirischen Ostjaken zu beobachten. Eines der ältesten Rituale, das mit dem göttlichen Urahnen in Verbindung steht, ist das Verzehren des Fleisches von einem Opfertier, um so an der Speise der Götter teilzuhaben, deren Segen sich dadurch auf den Gläubigen überträgt. Tiertänze dieser Art bedienen sich des rhythmischen Stampfens und hüpfender Bewegungen und werden begleitet von Lauten, die für das Tier typisch sind, von Naturgeräuschen und von Händeklatschen.

34 Maskierter Zauberer. (Zeichnung nach einer prähistorischen Höhlenmalerei, Les Trois Frères, Ariège.)
35 Tanz der Ahnenverehrung (Vietnam).
36 Tänzer mit Tiermaske. (Nordwest-Mexiko, Colima-Stil, 300–1000 n. Chr., Stendahl Galleries.)
37 Ureinwohner Australiens tanzen den Geist des Urahnen.
38 Paarungstanz der Skorpione.

34

35

36

37

38

Die Rolle des Priesters

Das Gefühl der Machtlosigkeit menschlicher Magie, gemessen an der transzendenten Realität, läßt immer die Gottheit als das erhabenere Wesen erscheinen. Damit aber die Harmonie der menschlichen mit der göttlichen Welt garantiert ist und der Kontakt mit dem Mysteriösen gepflegt werden kann, bedarf es Menschen mit besonderen Kräften. Die Gottheit (39, 40) wurde auf Erden im Stammesältesten verehrt, im Schamanen oder Priester, der in sich Kräfte konzentriert hatte, die es ihm ermöglichten, dem göttlichen Geheimnis gegenüberzutreten. Oft war er der einzige innerhalb einer Gemeinschaft, dem es erlaubt war, mit der Gottheit Kontakt zu haben und sie in den Sakraltänzen darzustellen. In diesen Tänzen wird eine totale Identifikation mit der Gottheit und ihrer Macht vollzogen (41, 43, 45, 46). Der Priester als Medizinmann, Lehrer und Prophet (47–49) ist auserwähltes Medium der göttlichen Offenbarung; seine Aufgabe liegt darin, die Eigenschaften, Gebote und Segnungen des Gottes für die Gemeinschaft zu interpretieren. Als Zwischenglied zwischen Göttern und Menschen vermittelt er die rituell klassifizierbaren Offenbarungen der göttlichen Macht, der Prophet und Schamane die sporadisch auftretenden, spontanen Gotteserscheinungen.

39

39 Darstellungen der Götter um den Krater von Rano Raraku. (Osterinseln, 1100?–ca. 1680.)
40 Der Priester-König Quetzalcóatl als der Windgott Ehécatl. (Mexikanisches Stempelmuster, Texcoco, vor 1521.)
41 Krieger im Tanz um ihren Priester während einer Zeremonie, die den Mut steigern soll. (Kupferstich aus A. Picarts *Cérémonies et coutumes religieuses,* 1735, Victoria and Albert Museum, London.)
42 Die Götter werden mit Musik und Gesang von einer aztekischen Musikgruppe verehrt. (Miniatur des *Codex Magliabecchi,* Faksimile, 1904.)
43 Adlerköpfige Gottheiten, dargestellt zu beiden Seiten des Heiligen Baumes durch ihre Priester. (Assyrisches Relief, Nimrud, ca. 884 v. Chr., British Museum, London.)

40

41

42

43

44

45

44 Der große Kampf zwischen den Kräften des Lichtes und der Finsternis, des Guten und Bösen, hat unzählige Darstellungen in der Ikonographie der Welt gefunden. (Jikoku-Ten, einer der vier himmlischen Wächter, wie er auf einem Dämon des Übels steht, Holzstatue, Kyoto, Japan, ca. 839.)
45 Zelebrierender Priester. (Terrakotta-Krug, bemalt, Moche-Kultur, Peru, vor ca. 800, Lindenmuseum, Stuttgart.)
46 Getanztes Gebet vor einem Baumheiligtum. (Goldener Siegelring, Nationalmuseum, Athen.)
47 Der Priester in seiner Funktion, die Kraft des Lebens und der Erneuerung zu vermitteln. (Die Reliquien des Hl. Dionysius werden über eine gelähmte Frau getragen, Insel Zante.)
48 In heilenden und exorzistischen Zeremonien wird der Kranke in das Zentrum des kosmischen Mandala gesetzt. (Segnung mit einer Adlerfeder während einer Navaho-Zeremonie, Arizona.)
49 Der Schamane als Heiler und Prophet vermittelt seinem Stamm die Botschaft des Ahnengeistes im Zustand der Trance. (Schamane, mit seiner Trommel tanzend, als dem Symbol für das Universum, Kupferstich aus Nicolaes Witsens *Noord en Oost Tartarye,* 1705.)

46

47

48

49

50

51

Ekstase und Befreiung

Die Begegnung mit der Gottheit in ekstatischen Tanzritualen verlangt die Identifikation des Gläubigen mit seinem Gott bis zum Grad vollständigen Überwältigt- oder Besessenseins. Wenn er sich in diesem Zustand äußert, so heißt dies, daß es der Gott durch ihn tut. Manche Kulte bedienen sich ganz gezielt der Musik und des Tanzes, nur um diesen Zustand der Ekstase zu erlangen, in dem das normale Bewußtsein überflutet wird und unterdrückte Gefühlskräfte freigesetzt werden. Dieses Erlebnis der Verzückung, des Außer-Sich-Seins, ist gleichzeitig ein Sich-Aufladen mit einer Kraft, die größer ist als die eigene. Die Vorbedingung für Erfahrungen dieser Art ist die Hingabe des Gläubigen, der alles das aufgeben muß, was er weiß und worauf er sich stützt. Das Freiwerden der Energie äußert sich in ganz spontanen, dynamischen Tanzbewegungen.

Die meisten Freuden- und Dankesfeste, wie Fruchtbarkeitsriten (51) oder Neujahrsfeiern (50), sind ekstatischer Art. Einer der bekanntesten Ekstase-Kulte ist dem Gott Dionysos geweiht. Er wurde mit orgiastischen Riten, Tieropfern, Wein- und Trancetän-

52

zen gefeiert, die so lange andauerten, bis die Tänzer vor Erschöpfung umgefallen waren. Selbstgeißelung bis zu dem Punkt, wo der Körper schmerzunempfindlich wurde und das Bewußtsein der Begrenzungen des Körpers verschwunden war, ging oft den Tranczuständen und der Ekstase voraus (52, 54).

Die Ekstase von wilden Wirbel- und Sprungtänzen wird von starken Wechselrhythmen und lauten Rufen begleitet; dies steht ganz im Gegensatz zu introvertierten, mystischen Tänzen, die sich tiefer, aspirierter Summtöne und weicher Melodienfolgen bedienen. Starke Rhythmen schaffen Bewegungswechsel, und Tänze mit peitschenden Rhythmen steigern das Gefühl der Zusammengehörigkeit, stärken den Mut und beseitigen emotionale und verstandesmäßige Schranken. Ekstatische Kulte sind aufgrund ihrer Dynamik ansteckend, und so wurden sie meist unterdrückt und ihre Protagonisten verfolgt, da sie eine potentielle oder tatsächliche Gefahr für die jeweilige etablierte Religionsform darstellen.

50 Tänzer während einer Prozession des Holi-Festes, Lucknow, Indien. (Aquarell, ca. 1800–1810, India Office Library, London.)
51 Bauern feiern das Erntedankfest (Java).
52 Mänaden verehren Dionysos. (Stamnos, Terrakotta, bemalt, ca. 420 v. Chr., Museo Nazionale, Neapel.)
53 Rasender Dionysos, ein Zicklein zerreißend. Die den Gott verehrenden Mänaden tanzten mit verhüllten Armen, die sie wie Flügel bewegten. (Vase, British Museum, London.)
54 Flagellanten. (Holzschnitt, 1493.)
55 Woodoo-Tanzzeremonie (Haiti).

53

54

55

56

Opfer, Tod, Wiedergeburt

„Das Sterben ist alles, und es gibt keinen anderen Weg zum Leben und zum wahren Frieden“ (Thomas von Kempen, *Die Nachfolge Christi*). Der große Zyklus des Lebens von der Geburt bis zum Tod und zu neuer Geburt als Basis jeder Andachtsform machte auch Opferriten notwendig, um die Ordnung des Kosmos aufrechtzuerhalten und zu schützen. Schwangerschaft, Geburt, Hochzeit und Tod wurden im Ritus symbolisch dargestellt als Lebensphasen, die jeweils den Schlüssel für eine höhere Lebensform in sich tragen. Dieses neue Leben mußte „erworben“ werden durch den Akt der Hingabe des am meisten Geliebten an die Gottheit. Wiedergeburtsriten basieren wesentlich auf Opferungen zur Freisetzung göttlicher Kraft. In ihrer Intensität entspricht diese Kraft der Hingabe, und das Opfer ist die „enge Pforte“, die zum Leben führt.

Historisch haben Opferriten eine lange Entwicklung durchgemacht; vom Blut- und Menschenopfer bis zur Übergabe des Ego in der mystischen Gottesvereinigung. Die grundlegende Einsicht dabei ist, daß der Tod Ursprung des Lebens und Auferstehung der Materie bedeutet, und daß Leben, um sich weiterzuentwickeln, sich immer vom Leben ernähren muß (50–60). In religiösen Begriffen ist dies das periodische Selbst-Opfer der Gottheit um des höheren Lebens willen (72), von dem Paulus sagt: „Es wird gesät ein natürlicher Körper; es wird erhöht ein geistiger Körper.“

58

57

59

60

56 Opferung von Früchten. (Stuckrelief des Hauses der Priesterin der Isis, Museio delle Terme, Rom.)
57 Opfer für Ceres. (Fresko, Pompeji, vor 79 n. Chr., Museo Nazionale, Neapel.)
58 Bacchanten führen einen Stier zum Opfertod. (Römisches Relief, Vatikan-Museum.)
59 Das Opfer Isaaks. (Wandteppich, ca. 1120, Schatzkammer der Kathedrale zu Halberstadt.)
60 Menschenopfer. Chichén Itzá. (Zeichnung einer Maya-Goldplakette von Tatiana Prouskouriakoff, mit freundlicher Genehmigung der Carnegie Institution, Washington.)

61

63

62

Initiationsriten sind ein Teil jeder Andachtsform und dienen dazu, den Neophyten von seiner Vergangenheit zu befreien und ihn auf das Zukünftige vorzubereiten. Dies bedeutete oft, sich harten und schmerzlichen Exerzitien zu unterziehen, auch der Körperzüchtigung und -verstümmelung (61).

In Eleusis wurde das Geheimwissen, das in den Mythen verschlüsselt war, den Initianden in Form von Tanzritualen nahegebracht (62). Die antiken Mysterientraditionen hatten zwei Hauptinitiationsgrade: Im niederen Grad wurden die Mysterien der Zeugung und physischen Geburt dargestellt, im höheren das Mysterium der Regeneration, der geistigen Geburt und des Lebens. Die Symbolik der Hochzeit bedeutete die totale physisch-geistige Einheit. Grundgedanke der Initiationsrituale war es, der Verwandlung in der Natur mit einer Verwandlung des Geistes zu begegnen, ihr zentrales Anliegen war die Transsubstantiation.

61 Tanz des Schöpfungsmythos während einer Beschneidungszeremonie eines jungen australischen Ureinwohners. (Yirrkalla-Distrikt, Northern Territory, Australien.)
62 Die Seele im Dunkel ist unter der Last des *stauros* zusammengebrochen. Der Geliebte als Gott der Vergangenheit, symbolisiert durch den Phallus, ist nun verschleiert. (Junge Initiandin mit *stauros* und verschleiertem Phallus, Haus der Mysterien, Pompeji, ca. 50 n. Chr.)
63 Der Tod als verschlingendes Ungeheuer. Das furchtbare Unbekannte wird immer frontal, mit großen fixierenden Augen dargestellt. (Rituelles Drama, Bali.)
64 Das größtmögliche Opfer ist die freiwillige Selbstaufgabe des Gläubigen. (Kris-Tanz, Bali.)

64

65

66

Tänze zu Begräbnissen waren viel eher Wiedergeburtsriten als Trauerrituale und basierten auf der Vorstellung der Fortdauer dieses Lebens über den Tod hinaus (69). In seinen *Gesetzen* (Buch 12) beschreibt Plato das Begräbnis eines Königs von Athen: Bei dieser Gelegenheit ging der Bahre eine Schar von Jünglingen und Mädchen voraus, die Kränze und Zweige trugen. Sie tanzten langsam und feierlich zu musikalischer Begleitung. Ihnen folgten in einer Prozession Priester der verschiedenen Tempel, die mit unterschiedlichen Roben bekleidet waren. Begräbnistänze zelebrieren auch die Sonnenenergie als Symbol des kontinuierlichen Lebens, denn obwohl die Sonne zeitweilig unterhalb des Horizonts verschwindet, erscheint sie doch wieder, um alles Leben zu erneuern. So sind Totentänze, als Labyrinth- oder Kreistänze, hauptsächlich Tänze der Wiedergeburt. Dabei wird die Vereinigung der beiden Welten verdeutlicht durch die Beziehung des umtanzten Kreismittelpunktes mit der Kreisperipherie.

Auf der Insel Delos wurde kein Opferritus ohne Gesang oder Tanz vollzogen. Im Geranos-Tanz, der nachts zum Gedenken an Theseus und seine Reise durch das kretische Labyrinth getanzt wird, folgte der Chor von sieben Jünglingen und sieben Jungfrauen, die sich bei den Händen hielten, ihrem Anführer um den Altar der Aphrodite. Die Jünglinge sangen einen feierlichen Hymnus, während sich die Jungfrauen schweigend um das Bildnis der Göttin bewegten (67). Die Idee des kretischen Labyrinthes lebte weiter in den frühgotischen Kathedralen: Theseus wurde mit Christus identifiziert, der zu Ostern aus dem Höllenschlund auferstand und seinen Triumph feierte. Sein Tod und seine Auferstehung wurden im Pelota-Tanz (s. S. 27) dargestellt, der jährlich auf dem im Fußboden der Kathedrale von Auxerre eingelassenen Labyrinth aufgeführt wurde.

Tod, Wiedergeburt und die Reise der Seele auf ihrem Weg zu Gott werden auch im Ritual des Derwischordens der Mevlevi gefeiert. Das symbolische Zentrum als Quell des Lebens, das sich sowohl innerhalb als auch außerhalb des Gläubigen befindet, wird umtanzt und somit beschworen, sich selbst zu offenbaren (68).

65 Der Tod als Tänzer lädt die Lebenden, ohne Unterschied des Alters oder Standes, dazu ein, sich ihm im Tanze hinzugeben. (Totentanz, Fresko in der Kirche von La Chaise-Dieu, Haute-Loire.)
66 Trauernde. (Etruskische Spiele, 5. Jh. v. Chr., Museo Baracco, Rom.)
67 Theseus mit Jünglingen und Jungfrauen aus Athen während des Geranos-Tanzes. (Ausschnitt aus der François-Vase, gefertigt von Ergomitos und bemalt von Kleitas, Terrakotta, ca. 570 v. Chr., Museo Archeologico, Florenz.)
68 Das Mukabele – „von Angesicht zu Angesicht kommen" –, Ritualtanz des Derwischordens der Mevlevi. (Aquarell, türkisch.)
69 Ägyptische Grabesprozession mit Musikern und Tänzern. (Grab des Khai, Saqqara, 18.–19. Dynastie, ca. 1559–1200 v. Chr., Museum Kairo.)

67

68

69

70

71

Das Sakralgefäß als der Körper des Gottes und als Tiegel der Verwandlung von Tod zu Wiedergeburt steht unter der besonderen Aufsicht der priesterlichen Person. Nach einem griechischen Mythos wurden sowohl Pelops als auch Dionysos erst vollkommen, nachdem sie in einem magischen Tiegel der Verwandlung „gekocht" worden waren. Von dieser Verwandlung waren die Fruchtbarkeit und das Fortbestehen des Lichtes abhängig (70, 71). Nach der christlichen Lehre besiegt der Tod selbst den Tod durch das freiwillige Selbstopfer der inkarnierten Gottheit, die durch den Tod neues Leben freiwerden läßt (72, 73).

70 Medea und der Widder. (Amphore, Terrakotta, bemalt, Attika, 6. Jh. v. Chr.)
71 Medea und der Widder. (Hydria, Terrakotta, bemalt, Vulci, 480–470 v. Chr., British Museum, London.)
72Christus beim Abendmahl. (Ausschnitt des Fresko von Leonardo da Vinci, S. Maria delle Grazie, Mailand, ca. 1495–1497.)
73 Auferstehung Christi. (Ausschnitt aus einer russischen Ikone, ca. 1700, Nationalmuseum Stockholm.)

72

73

74

Der Körper als Tempel des Geistes

Alle Lebewesen sind, indem sie am kosmischen Tanz teilhaben, durch ein vielschichtiges Netz miteinander verbunden. Der Mensch, der von Natur und Wesen her ebenso mit allen kosmischen Ereignissen verwoben ist, wird sich immer mehr der Interdependenz der Einflüsse bewußt, die ihn als Wesenheit mit dem Universum verbinden. Sein Bestreben nach einer Intensivierung des Lebens führt ihn schließlich zur bewußten Begegnung mit seinem inneren Selbst, das ihn den Reichtum und die Tiefe der ihm innewohnenden Lebenskraft erfahren läßt. Auf dem Wege zu sich selbst hat er erkannt, daß er die ganze Welt in sich trägt und daß die göttliche Offenbarung, die durch ihn als subjektives Medium erfahrbar ist, auch durch ihn geprägt wird. Als das Maß aller Dinge und als Ort der Begegnung von Göttern und Dämonen ist der Mensch zu allen Zeiten in seiner Selbsterfahrung sein eigenes größtes Abenteuer. Schließlich wird das Universum, das einst als mit unzählbaren Gottheiten belebt erfahren wurde, im Inneren des Menschen selbst wiedergefunden. Auch heute noch ist die primäre Realität für den Menschen die seiner Psyche. Damit aber das innere göttliche Zentrum erlebt werden kann, ist das Opfer der Eigenpersönlichkeit und jeder fixierten Position gefordert. So wird die Erfahrung göttlicher Gnade als All-Verbundenheit möglich. Der Körper ist der Sakralraum der Gottheit, ihr Schleier, ihre Maske, doch ist er ebenso Medium ihrer Offenbarung. Durch Bema-

75

76

77

lung (74), Verschleierung oder Maskierung (75, 76) wird ihm dynamischer Ausdruck verliehen. Auf diese Weise wird betont, daß sich das Mysterium mit dem äußerlich manifestierten Leben tarnt und daß alle Verwandlungsprozesse, als tiefstes Geheimnis des Lebens der unmittelbaren Wahrnehmung verborgen, für den Menschen erfahrbar sind.

Ebenso wie der Tanz durch die Bewegungen des Körpers und der Glieder eine Situation improvisiert und andeutet und damit eine Präsenz heraufbeschwört, die das physische Medium transzendiert, so sind auch alle Körperhaltungen, die im Gebet oder in der Meditation eingenommen werden können, dadurch symbolisch, daß sie das Hintergründige jeder sichtbaren Position implizieren. Gebetsstellungen und Meditationshaltungen zeigen die Einbeziehung der Herzensregion als der „Sonne" des menschlichen Kosmos an. „Das Herz ist der Wohnort der Seele des Universums" (Attar 77, 78).

Für den Erleuchteten ist der physische Körper das Mandala, das Symbol des Kosmos für seine Meditationserfahrung (79–81). Die Wirbelsäule zwischen Perineum und Scheitelpunkt des Kopfes wird zur Weltenachse, zur Himmelsleiter. Der Himmel selbst wird durch den tausendblättrigen Lotos über dem Scheitelpunkt des Kopfes symbolisiert (79). Der Kreislauf des Atems, Schlüssel für das Geheimnis des Lebens, ist der inwendige Tanz des Lichtes. Ist die Lichtenergie entlang der Wirbelsäule gerichtet, so wird die Geburt des neuen Menschen bzw. des „Diamantkörpers" eingeleitet, der Symbol für den Menschen jenseits von Verwirrung und Furcht ist. Die schöpferischen Urkräfte, die der Mensch der Frühzeit außerhalb seiner selbst erlebt hat, werden nun im eigenen Inneren erfahren.

78

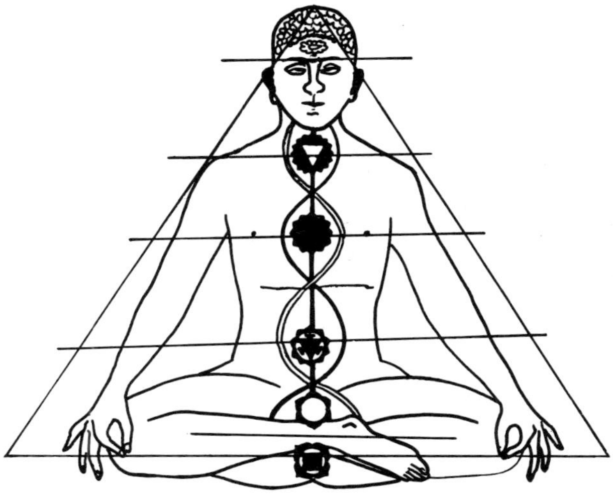

79

74 Bemalung eines Knaben vor seiner Beschneidung. Zeremonie der australischen Ureinwohner (Yirrkalla, Northern Territory, Australien).
75 Maskierte Figuren. (Felsmalerei australischer Ureinwohner, Ingalladi, Northern Territory, Australien.)
76 Verschleierte Tänzerin. (Hellenistische Bronzefigur, angeblich aus Alexandrien, Sammlung Walter C. Baker, New York.)
77 Betende Afrikaner.
78 Sitzender Buddha in der *mudra* (rituelle Handhaltung) des Lehrens. (Dhanesar Khera, Indien, 4.–5. Jh. n. Chr., British Museum, London.)
79 Darstellung der Chakras als Energiezentren im Körper.

80

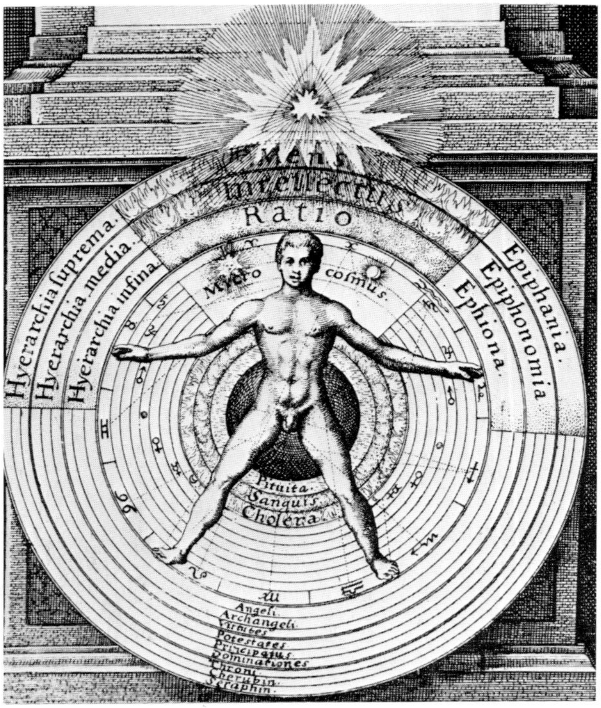

80 Darstellung der Beziehung des Menschen zum Kosmos. (Titelblatt zu Robert Fludds *Utriusque cosmi . . . historia,* 1617–1619.)
81 Die Welt als Körper Gottes mit dem Menschen im Zentrum. (Miniatur aus *Sanctae Hildegardis reveiationes,* Bibliotheca Statale di Lucca.)

81